Ulf Kadritzke

Mythos »Mitte«

Oder: Die Entsorgung der Klassenfrage

W0173419

BERTZ + FISCHER

Bibliografische Information
der Deutschen Nationalbibliothek
Die Deutsche Nationalbibliothek verzeichnet diese
Publikation in der Deutschen Nationalbibliografie;
detaillierte bibliografische Daten sind im Internet über
http://dnb.dnb.de abrufbar.

Der Verlag dankt Andreas Beierwaltes,
Ingo Stützle und Hans-Günter Thien
und ganz besonders Ulf Kadritzke.

Wrangelstr. 67, 10997 Berlin
Printed in Poland
ISBN 978-3-86505-746-4

Inhalt

Einleitung: Die Mitte und die Kohlweißlingsjagd   7

Historische Klassenstudien im Lichte der Gegenwart: 20
Die lohnabhängige Mitte als »verdeckte Klasse«

»Neuer Mittelstand« oder Lohnarbeiterfraktion?   20
Vom Nutzen alter Fragen

    Theodor Geiger: Klassenanalyse als Kritik des überholten   23
    Mittelstandsbegriffs

    Carl Dreyfuss: Illusorische Macht als Trostpreis der Deklassierung   27

    Hans Speier: Verdeckte Klassenzugehörigkeit und die Rolle   32
    der Geltung

    Siegfried Kracauers Gespür für moderne Ent-Täuschungen   36

Zwischenfazit: Erste Lehren für die Gegenwart   40

Die Gegenwart im Lichte historischer Klassenstudien: 46
Vermessene Mitte, vergessene Klassen

Geigers Kehre und Schelskys Beitrag   47

Die Nivellierung geht, die Mitte bleibt   51

    Heinz Budes »Brennpunkte sozialer Spaltung«   53

    Steffen Mau: Die Mitte als »nicht ganz exakt zu definierende   59
    Großkategorie«

    Nicole Burzan u.a.: Die Mitte sicherer als gedacht –   63
    aber welche Mitte?

    Gustav von Schmoller *Reloaded*   66

Wovon wir schweigen, wenn wir von der Mitte reden   71

Die Mittelschichten in der Klassenstruktur: Offene Fragen ...   72

... und vergessene Antworten   75

Die Mitte als »Klasse des marxistischen   78
Missvergnügens«?

Anmerkungen   86
Literaturverzeichnis   95

Einleitung: Die Mitte und die Kohlweißlingsjagd

»Es kommt noch hinzu, daß ›Mittelstand‹ (oder ›Mittelklasse‹) schon durch die Bestimmung ›mittel‹ außerordentlich farblos und als bloßer Verlegenheitsbegriff deutlich verraten ist – das Wort ist [...] der Posten jener Einheiten, mit denen man nichts anzufangen weiß.«

(Theodor Geiger 1930/1962: 235)

Das Unternehmen Renault steht mit allen vier Rädern in der Wirklichkeit. In der deutschen Version des *Espace*, einem Großraumgefährt für die Familie mit gehobenem Einkommen, ist auf der Armatur die Zentralverriegelung von innen als »Ghetto-Schaltung« angezeigt. Der Begriff soll beruhigen und versichern, dass die Kunden aus den gesicherten Mittelschichten auch durch unsichere Straßen sicher fahren. Der Name des Mechanismus, der das Innere des Wagens verlässlich gegen das gefährliche Außen abdichtet, greift nicht nur Stimmungen und Bedürfnisse des kaufenden Publikums auf, er ist selbst Signum dieser Ängste und ihres typischen gesellschaftlichen Orts. Die unternehmerische Gefühlspolitik wirbt mit der Abschottung gegen die Risikozonen der Gesellschaft und demonstriert damit ihre dem Profit nicht abträgliche Sorge um die Mitte.

Auch wenn selten so offen wie bei Renault mit den Ängsten der Menschen gespielt wird, zeigt das Beispiel, in welchem Maße die Besorgnis über die tiefe Spaltung der Gesellschaft zugenommen hat. Dabei geschieht etwas auf den ersten Blick Seltsames. Wenn es darum geht, die objektive Lage und die Befindlichkeit von Menschen zu erforschen, ist in der öffentlichen Diskussion von sozialer Ungleichheit die Rede. Aber fast nirgends steigt der öffentliche Erregungspegel so hoch wie bei der Sorge um die sogenannte Mitte. Von ihr vor allem ist die Rede, wenn journalistische und wissenschaftliche Weltkundige uns die Zeiten erklären. Sobald die neuesten sozialstatistischen Bulletins ausgegeben sind, wird die »schrumpfende Mittelschicht« (Grabka/ Frick 2008) beschworen, und ein Vielzitierter fügt warnend hinzu: »Die gesellschaftliche Mitte [...] steht in der Gefahr, sich in eine obere und eine untere zu spalten« (Münkler 2010b). Die naheliegende Frage, warum diese Entwicklung nicht als Ausweitung der Armutszone, Anwachsen der sozialen Ungleichheit oder Strukturwandel der Klassengesellschaft begriffen wird, passt offenbar nicht zum beharrlichen Glauben an die »Kultur der Mitte als

Zentralraum der politischen Ordnung«, als *raison d'être* moderner Gesellschaften: »Beim Blick auf die politische Mitte kommt der politischen Kultur ein mindestens ebenso großes Gewicht zu wie der Sozialstruktur.« (Münkler 2016b) Ob also politisch, kulturell oder gesellschaftlich gedeutet[1], die Mitte der Gesellschaft erscheint wesentlicher als das Ganze, dessen Teil sie doch ist.

Die Faszination für die Mitte mag sich auch banaleren Umständen des alltäglichen Denkens verdanken. Robert Musil bemerkte 1937 in einem Vortrag über den Allerweltsbegriff der *Dummheit*, dass wer über sie sprechen will »von sich voraussetzen muss, dass er nicht dumm sei.« Bei der Mitte ist es umgekehrt. Dummheit will sich niemand ernsthaft bescheinigen lassen, zur Mitte aber drängt sich alles. Was beide Begriffe gemeinsam haben, ist die elastische, durch Unschärfe gestützte Verwendbarkeit, wenn es gilt, Personen mit bestimmten Eigenschaften zu versehen oder überindividuellen Einheiten zuzuordnen. Das Verfahren erinnert Musil an die bäuerliche Gewohnheit, bei der Kohlweißlingsjagd sicherheitshalber *alle* Raupen dem schädlichen Tagfalter zuzurechnen und einzusammeln; so »weiß man bald nicht mehr, ob man noch hinter dem gleichen her sei« (Musil 1937: 15). Ein solcher Kohlweißling ist gegenwärtig die Mitte, die große Menschengruppen begrifflich einhegen soll. Nur gilt sie nicht wie die Dummheit als Schädling, sondern als Nützling: als Rollenmodell einer geglückten, politisch den Extremen abgeneigten Lebensführung, die auch noch die Gesellschaft zusammenhält.

An der empirischen Erforschung und gesellschaftspolitischen Ausdeutung dieser Mitte sind Ökonomie und Soziologie gleichermaßen beteiligt, zumeist unter dem Oberbegriff der »sozialen Ungleichheit«. Gerade einige der neueren Themenbände[2] vermitteln den Eindruck, als würde über die Mittelschichten weit intensiver nachgedacht als über die *missing class* der Armen (Newman/Tan Chen 2007). Das hat Folgen für den öffentlichen Diskurs. Im Reich der gehobenen Begriffe hat es die Mitte aus den soziologischen Studien in die Feuilletons wie auf die Wirtschaftsseiten geschafft; sie wird als Dutzendware des Zeitgeistes gehandelt und in den Rang einer Tragödie erhoben: als *Kampf um die Mitte* (Henkel 2007), *Erosion der gesellschaftlichen Mitte* (Müller 2013) oder grobschlächtig suggestiv im Titel *Volk ohne Mitte* (Aly 2015). Ferner im Angebot: »schrumpfende Mitte«, »gefährdete Mitte, »gebeutelter Mittelstand«. Das Drama, das sich hier abspielt, fördert die »Verbitterung in der

Mitte«, deren Erregungspegel von »bewegt«, »nervös und alarmiert« bis »enthemmt« ansteigt. Die Mitte ist von »Ausplünderung«, ja »Verwahrlosung« bedroht, kein Wunder, dass »Angst, Verdruss« und »große Panik« herrschen.[3] Ob das alles zutrifft, auf wen und in welchem Maße, ist empirisch strittig. Davon unbeirrt halten Medien und Politik einen scheinradikalen Diskurs in Gang, den Jürgen Kaube in der FAZ als »inszenierte Mittelstandspanik« (2010) verspottet. Der dramatische Ton soll die Leser bewegen, sich über das Los in der Mitte weit mehr Sorgen zu machen als über Menschen, die wirklich arm oder von Unsicherheit bedroht sind.

Ob schrumpfend, gespalten oder nervös: Die Mitte ist immer dabei. Noch so zufällige Erscheinungen des Alltagslebens lassen sich im Verhältnis oder im Kontrast zu ihr deuten.[4] Man kann die Mitte in die Vertikale stellen und nimmt dann die Einkommenshöhe oder den gesellschaftlichen Rang zwischen unten und oben in den Blick. Sie lässt sich sozialräumlich denken und ist in Diskursen vielseitig verwendbar: Die Mitte bewohnt das Innen und nicht das Außen, ihre Mitglieder sind Zugehörige und nicht Fremde. Politisch ist die Mitte, sofern sie nicht nervös wird, moralisch gefestigt – »Wir sind die Guten« (Lessenich 2016) – und deshalb gemäßigt. Umso heftiger die öffentliche Aufregung über einen drohenden »Extremismus der Mitte«, vor dem das konfliktentwöhnte Bildungsbürgertum erschrickt, weil es jenseits der Floskel die kontroversen Deutungen zum Ende der Weimarer Republik[5] kaum mehr kennt.

Noch in der Sorge der Kulturkritik und der Gesellschaftsdeuter über die schrumpfende Mitte nimmt der misshandelte Begriff Rache daran, wie er in der jüngeren Vergangenheit ungenau und ideologisch verwendet wird. Ursprünglich eingeführt, um die eher lästige Unterschicht[6] auf Abstand zu halten, hat sich die Mittelschicht auf wundersame Weise ausgedehnt, so dass die Gesellschaft in ihr fast aufgeht – bis auf zwei Restposten: Elite oben, Arme unten. Politisch und ideologisch steht diese Mitte für jene stabilisierenden Gesellschaftskräfte, die positive Eigenschaften wie Leistungswillen und Verlässlichkeit mit meritokratischen Vorstellungen verbinden: über Ungleichheit (in Maßen nützlich) und soziale Gerechtigkeit (solange sie nicht Faulheit fördert) bis zur Gemeinwohlbindung (solange sie nicht zu teuer kommt). Kein Wunder, dass die meisten Mitglieder des befragten Gemeinwesens sich aus Gewohnheit einer derart idealen Mitte zurechnen. Wenn nun in einer neuen Umfrage 71 Prozent der Deutschen sich der Mittelschicht zugehörig fühlen, geht das noch über die Befunde der Sozialstatistik hinaus, die den (zumeist an Einkommen und Berufsstatus) gemessenen Umfang auf knapp 60 Prozent veranschlagt.[7] Aber kaum jemandem aus der Forscherzunft fällt auf, dass 2006, noch vor Ausbruch der Finanzkrise, eine andere empirische Untersuchung mit der Auskunft hervortrat: »61 Prozent meinen, es gibt keine Mitte mehr, nur noch ein Oben und Unten.« (Müller-Hilmer 2006: 7). Dass methodisch der Tonfall der Frage schon die halbe Musik macht, ist offensichtlich in Vergessenheit geraten.

Was die Politik betrifft, wird zutreffend beschrieben und beklagt, es gehe den meisten Parteien nur noch um die Wählergunst der demoskopisch ständig abgehörten Mitte. Wenn dann die öffentliche Meinung diese mit der Mehrheit gleichsetzt, kann das kaum mehr erstaunen. Verwunderlich ist nur, wie wenig sich darüber die Sozialforschung wundert – und stattdessen erschrickt, wenn der Anteil der über die Einkommen definierten Mitte zwischen 2000 und 2009 von 67 auf 62 Prozent gesunken ist.[8] An sie ist deshalb die Frage zu richten, warum viele ihrer Vertreter an dem interessierten Missverständnis mitwirken, das die Ideologie einer

»Wohlstand-für-alle«-Gesellschaft stützt und implizit die Vorstellung, deren Inklusionskraft hänge maßgeblich vom sozialen Vorbild einer durch Leistung erfolgreichen Mittelschicht ab.

Soweit der erste, empirisch nicht exakt vermessene, aber kaum irrige Eindruck aus der Welt der fachlichen und öffentlichen Diskurse. Wenn es stimmt, dass die herrschende *ökonomische* Theorie das Handeln von Akteuren auf Märkten nicht nur zum vorrangigen Erkenntnisgegenstand erhebt, sondern auch legitimiert und damit die Wirklichkeit »performativ« mitgestaltet (vgl. Aspers/Becker 2008: 240), ist zu fragen, ob das sozialwissenschaftlich vermittelte Bild der Gesellschaft mit dafür verantwortlich ist, dass die Mehrheit der befragten Menschen sich irgendwie zur Mitte zählt.[9] Haben die Ungleichheitsforscher gründlich genug darüber nachgedacht, welche begrifflichen, theoretischen und damit auch politischen Vorentscheidungen in den Verfahren und empirischen Fragestellungen eingeschlossen sind? Die folgenden Überlegungen gehen davon aus, dass aus dem Rückblick auf frühere Studien und Diskussionen zu lernen ist.

In der Entwicklung des modernen Kapitalismus und seiner Klassenstruktur sticht ein Unterschied ins Auge. Das rasche Anwachsen des Industrieproletariats, dessen Rolle im Verwertungsprozess des Kapitals und der ihm systemisch versagte Anteil am gesellschaftlichen Reichtum ließen sich wissenschaftlich und politisch lange beschönigen, aber nicht mehr verdrängen, sobald die Arbeiterklasse selbst sich als soziale Bewegung zu Wort meldete. Die neu entstehenden, nicht selbständigen Funktions- und Berufsgruppen hingegen, zum Teil besser bezahlt und in abgestufter Weise in Leitungsaufgaben eingebunden, betraten Ende des 19. Jahrhunderts ein bereits umkämpftes Terrain. Auf allen Ebenen wurde »schon die Betrachtung neu auftauchender Schichten oder Klassen durch Interessenkämpfe der bestehenden influenziert« (Lederer 1912: 52). Vor allem die im Angestelltenverhältnis beschäftigten Lohnarbeiterschichten wurden zum bevorzugten Feld von Deutungskonflikten, in die sich Gewerkschaften und Parteien ebenso einmischten wie die mit der ›sozialen Frage‹ befassten Wissenschaften. Insbesondere dienten die zum »neuen Mittelstand« ernannten, unter dem Angestelltentitel geführten Lohnarbeiterabteilungen als Kronzeugen der bürgerlichen Harmonielehre einerseits, der Klassentheorie andererseits. Beide Positionen boten Antworten auf die Frage, wie sich im modernen Kapitalismus diese neuen Schichten einordnen lassen: als Teil einer übergreifenden Klasse, als eigenständige soziale Schicht, die nicht in den Klassengegensatz eingespannt ist, oder gar als gehobenes Personal fürs Kommando über die Produktionsarbeit – man nennt das heute Management.

Um zu begreifen, warum das ebenso suggestive wie schwammige Bild der Mitte bis heute im öffentlichen Diskurs über die Gesellschaft vorherrscht, lohnt sich ein Rückblick auf die performative Rolle der deutschen Wirtschafts- und Sozialwissenschaft, die im Jahr 1897 den »neuen Mittelstand« aus der Taufe hob. Die Resolution, die der Evangelisch-soziale Kongress im Anschluss an Gustav Schmollers Vortrag verabschiedete, feierte zum einen die Widerlegung der Marx'schen Theorie, die aus dem deutschen Wissenschaftssystem ausgesperrt blieb und doch stets eine *hidden agenda* bildete. Zum anderen lassen sich Schmollers Referat und die Resolution als Gründungsakt einer ›neuen‹ Mitte lesen, die bis heute als gesellschaftspolitisches Leitbild ihren Dienst tut:

»Der Evangelisch-soziale Kongress nimmt mit Genugtuung von der beruhigenden, auf wissenschaftliche Beobachtung gestützten Überzeugung des Referenten Kenntnis, daß die volkswirtschaftliche Entwicklung

der Neuzeit nicht mit innerer Notwendigkeit zur Auf-
lösung eines für die Vermittlung sozialer Gegensätze
wichtigen und für das sittlich-religiöse Volksleben er-
fahrungsgemäß hochbedeutsamen Mittelstandes führen müsse, daß vielmehr zwar gewisse Teile des bis-
herigen Mittelstandes voraussichtlich verschwinden,
dagegen andere sich erhalten und neu sich bildende
die alten niedergehenden ersetzen werden.« (Verhandlungen 1897: 161f.)

Nicht das beschworene »sittlich-religiöse Volksleben« hat die Geschichte überdauert, wohl aber die
wissenschaftliche Konstruktion einer neuen sozialen
Mittelschicht, die in den Wunschträumen des Bür-
gertums die schon spürbaren »sozialen Gegensätze«
mildern und den Gefahren des Klassenkampfes ent-
gegenwirken soll. Freilich zerstoben die Illusionen
der bürgerlichen ›Kathedersozialisten‹ im Ersten
Weltkrieg und in den Krisen der Weimarer Republik, als weite Teile des neuen Mittelstands nicht
so handelten, wie man es 1897 noch erhofft hatte.
Vor dem Hintergrund der verschärft einsetzenden
Klassenkämpfe entfaltete sich eine nicht nur wissenschaftlich auf hohem Niveau, sondern auch lei-
denschaftlich geführte Debatte über den Charakter der ersten *demokratischen* Klassengesellschaft

auf deutschem Boden. Die Analysen und konkreten Befunde aus jener Zeit können dazu anregen, den gegenwärtigen Diskurs über soziale Ungleichheit und die in ihm gehätschelte Mitte im Lichte der Frage zu prüfen, ob er die damaligen Erkenntnisse und Zugangsweisen zur Klassenfrage aufnimmt, ausblendet oder unter Angabe gewichtiger Gründe infrage stellt.[10]

Der folgende Beitrag dient einem begrenzten, letztlich politischen Erkenntnisziel. Ich versuche, im Rückblick auf die ›Weimarer Soziologie‹ den Abschied von der klassentheoretischen Perspektive, den jüngere Analysen zur gesellschaftlichen Mitte genommen haben, als Verlust von Erkenntnismöglichkeiten und zugleich als renovierte Ideologie aufzuweisen. Das erfordert zunächst die Wiederaneignung wichtiger Diagnosen zur deutschen Klassengesellschaft der Weimarer Republik, an deren Ende sich die sozialen Ungleichheiten und die Klassenkämpfe zur Systemkrise verschärften. Insbesondere untersuchten diese Sozialwissenschaftler die gesellschaftliche Stellung der lohnabhängigen Mittelschichten und deren Rolle beim Übergang von der Republik in die NS-Diktatur. Die damaligen Diagnosen vergleiche ich im zweiten Teil mit gegenwärtigen soziologischen Analysen, die vor allem im Rahmen der Ungleichheitsforschung die ›Mitte der Gesellschaft‹ thematisieren. Es geht mir nicht um empirische Details dieser Studien, sondern um deren theoretische Leerstellen und das auf die Mitte fixierte Bild einer Gesellschaft jenseits der Klassen. Aus dieser Konfrontation entwickle ich am Schluss einige Gedanken zum Klassencharakter der Gesellschaft und zur Rolle der lohnabhängigen Mittelschichten.

Historische Klassenstudien im Lichte der Gegenwart: Die lohnabhängige Mitte als »verdeckte Klasse«

»Man wird sagen, diese Schicht sei aber doch sehr groß und wiege im sozialen und politischen Leben recht schwer. Sehen wir sie uns – ohne das zu leugnen – einmal an! Wer gehört zum Mittelstand?«

(Theodor Geiger 1930/1962: 235)

»Neuer Mittelstand« oder Lohnarbeiterfraktion? Vom Nutzen alter Fragen

Mit dem Fortgang der Industrialisierung und der Ausweitung der Dienstleistungsbereiche wurden auch die im zunächst sicheren Angestelltenstatus tätigen Arbeitskräfte den Konjunkturen, Strukturveränderungen und betrieblichen Rationalisierungsprozessen unterworfen. Emil Lederer (1882-1939), Siegfried Kracauer (1889-1966), Theodor Geiger (1891-1952), Carl Dreyfuss (1898-1969) und Hans Speier (1905-1990)[11] studierten den Strukturwandel des modernen Kapitalismus vor allem mit Blick auf diese neuen Schichten unter den abhängig Beschäftigten.[12] Aber die Erforscher der Angestelltenwelt verstanden sich nicht als Bindestrichsoziologen, auch nicht als bloße Beobachter der Veränderungen in der Sphäre *betrieblicher Arbeit.* Sie studierten übergreifend die Entwicklung der *Klassengesellschaft* und suchten zugleich nach *politischen Antworten* auf die Krisen, die in ihrer Deutung der moderne Kapitalismus systemisch erzeugt. Ihre besondere Aufmerksamkeit galt der bis heute wichtigen Frage, wie die Angestellten als modernster Typus der Lohnabhängigen »die Spannung zwischen den wirklichen Lebensbedingungen [...] und ihrer Ideologie« (Kracauer 1930: 115) verarbeiten. Den Zusammenhang von Klassenlage, betrieblicher Stellung, Berufsideologien und Interessenorientierung behandelten die Sozialforscher mit je eigenen Akzenten.

Was angesichts der schmalen Erträge der gegenwärtigen Ungleichheits-Empirie lehrreich erscheint: Die Weimarer Beobachter erfassen und deuten die Lage der wachsenden, abhängig beschäftigten Mittelschichten, *ohne* die Kernstruktur der Gesellschaft jenseits der Klassen[13] zu suchen, wie dies in modernen Schichtungstheorien geschieht. Sie untersuchen den Einfluss von Bildung, Herkunftsmilieu, beruflicher Qualifikation und betrieblicher Stellung auf die Entwicklung von materiellen und immateriellen Interessen wie auf die Formen des individuellen und kollektiven Handelns. Die meisten nehmen, in modifizierender Absicht oder kritischer Distanz, auf Karl Marx und Max Weber Bezug. Sie gehen von Marx' Bestimmung der Klassen aus, von den Produktionsverhältnissen also, in denen sich die »Eigentümer von bloßer Arbeitskraft« und die »Eigentümer von Kapital« als Lohnarbeiter- und Kapitalistenklasse gegenüberstehen.[14] Auf dieser ökonomischen Grundlage nehmen sie auch Webers ergänzende Differenzierung nach Besitz- und Erwerbsklassen auf, die sie vor allem für die Ausdeutung besonderer Angestellteninteressen heranziehen. Die Zugehörigkeit zu einer Klasse leitet Weber zunächst streng marktökonomisch aus der Tatsache ab, »dass die Art, wie die Verfügung über sachlichen Besitz innerhalb einer sich auf dem Markt zum Zweck des Tauschs begegnenden und konkurrierenden Menschenvielfalt verteilt ist, schon für sich allein spezifische Lebenschancen schafft« (Weber 1922/1972: 531). Der Ausschluss der ArbeiterInnen von diesem Besitz begründet sein am Ende des Ersten Weltkriegs gefälltes Urteil: »Jede Arbeiterschaft wird immer wieder in irgendeinem Sinne sozialistisch sein.« (Weber 1918/1964: 270)

Und die Kerngruppen des ›neuen Mittelstands‹? Zu dieser sozialen Klasse zählt Weber vor allem das

»besitzlose«, abhängig beschäftigte Personal der betrieblichen und staatlichen Verwaltungen, das dank »Intelligenz und Fachgeschultheit« dem Rationalisierungsdruck weniger stark unterliege als »die Arbeiterschaft als Ganzes« (Weber 1922/1972: 225). In der bürokratischen Rolle unterscheiden sich für ihn die im Unternehmen tätigen *Privatbeamten* nur wenig vom Staatspersonal. Gemeinsame Merkmale des Berufs sind strenge Sachlichkeit und Loyalität gegenüber Unternehmen und Amt. Modern ist Webers Diagnose, wonach sich mit den Marktprozessen, und nicht etwa gegen sie, bürokratische Organisationsregeln auch jenseits des Staates ausdehnen. Im industriellen Großbetrieb, im Kaufhaus, aber auch in Parteien, Gewerkschaften und Verbänden werde die *formale Rationalität* dieses Berufs- und Verhaltenstypus die gesellschaftlichen Verkehrsformen prägen. Der Weg in die ›industrielle Dienstleistungsgesellschaft‹ erscheint damit vorgezeichnet.

Theodor Geiger: Klassenanalyse als Kritik des überholten Mittelstandsbegriffs

Die besondere Mentalität, von der viele Mitglieder des ›neuen Mittelstands‹ typisch geprägt sind, hat auch Theodor Geiger im Blick, als er in der Krise der Weimarer Republik *Die soziale Schichtung des deutschen Volkes* (1932) unter die Lupe nimmt.[15] Ihre fraglose Rolle könne jedoch keinesfalls die Einweisung des alten und neuen Mittelstands in eine *gemeinsame* Pufferschicht begründen. Wer wissenschaftlich so verfahre, gliedere die Menschen zunächst

> »nach der ökonomischen Lage, stutzt aber, wenn es sich darum handelt, etwa die Angestellten unter die Rubrik Proletariat zu setzen; […] er weiß, daß sie vielfach mit dem Proletariat nichts zu tun haben wollen, läßt sich also von seinem Einteilungsgrad etwas abhandeln und schiebt die ganze Gruppe zum ›Bürgertum‹ hinüber. […] Vielfach sind diese Inkonsequenzen darauf zurückzuführen, daß schon unter der Hand in den Begriff der Mittelschicht die Vorstellungen ›bürgerlicher Gesittung‹ eingehen.« (Geiger 1932: 13)

Ersetzt man das Bürgertum durch die Mittelschichten, ist damit das gegenwärtige Dilemma einer auf die Mitte fixierten Gesellschaftsdeutung umrissen.

Insbesondere mit dem Blick auf die im ›verspäteten‹ deutschen Nationalstaat tief verankerten ständischen Selbstbilder der kleinbürgerlichen Besitzklassen[16] verweist Geiger auf den historischen und wissenschaftlichen Widersinn der mittelständischen Begrifflichkeit.[17] »*Mittel*-Stand hieß das alte

Besitzbürgertum […] um seiner ausgleichenden, den Klassenantagonismus dämpfenden Funktion willen.« (ebd.: 125) Den ›neuen‹ Mittelstand hält er für eine semantisch falsche[18] und vor allem ideologische Konstruktion. Sie überblende die gesellschaftliche Realität, indem sie höchst unterschiedliche Merkmale und Gewohnheiten einer als kleinbürgerlich oder ständisch beschriebenen Gesamtheit zuordne: »Ein Unbegriff ist der ›Mittelstand‹ nicht wegen der großen Zahl und Differenziertheit seiner Elemente, sondern wegen der völligen *Unvergleichbarkeit der Mentalitäten*, die sich typischerweise in seinem Umkreis vorfinden.« (ebd: 128.)

Die Zurückweisung einer diffusen sozialen Mitte begründet Geiger mit dem für den Kapitalismus konstitutiven Unterschied der ökonomischen Interessenlagen. Er leugnet nicht, dass die alte Mittelklasse und die neuen Gruppen von Lohnabhängigen verwandten Leitbildern der Lebensführung anhängen, die er im Falle der Angestellten als »ständische Nachklänge innerhalb der modernen Klassengesellschaft« (ebd.: 121) deutet. Dennoch hält er daran fest, dass die beiden Gruppen nicht zu einer einheitlichen »Schicht von mentaler Verwandtschaft und gemeinsamer Sozialfunktion« zusammenwachsen, »weil die eine ein *soziales Relikt*, die andre *sozia-*

les Neuelement ist« (ebd.: 136). Für Geiger ist eine Mitte, in der die bedrohte Besitzklasse des alten Mittelstands mit besitzlosen VerkäuferInnen der eigenen Arbeitskraft zusammengesperrt ist, ein wissenschaftlich unhaltbares Gedankengebilde.[19] Der an Marx und Weber geschulte Soziologe resümiert am Ende der Weimarer Republik:

> »Wo wir auch suchen: Ansatzpunkte einer Homogenität, die geeignet erschiene, Mittel- und Kleinunternehmer und höher qualifizierte Lohnbezieher oder Schreibstuben-Personal über den trennenden Graben ihrer wirtschaftlichen Existenzformen hinweg dauernd zu verkitten, sind nicht auffindbar. Fehlen demnach außer- oder überwirtschaftliche Homogenitätsmomente, so wird die Verschiedenartigkeit der wirtschaftsgesellschaftlichen Standorte zwischen ›altem‹ und ›neuem‹ Mittelstand als Motiv der sozialen Meinungsbildung nicht auf die Dauer ausgeschaltet werden können.« (Geiger 1932: 131)

Indes liegt für Geiger die *politische* und *ideologische* Funktion der in der Krise neu beschworenen Gemeinschaft von altem und neuem Mittelstand auf der Hand: **Er soll als »Träger einer *Ausgleich*sfunktion« (ebd: 124) auftreten – eine Rolle, die unter dem**

Druck der Wirtschaftskrise zunehmend realitäts-
fremd wurde. Schließlich setzten die maßgeblichen
Kapitalfraktionen auf die NS-›Modernisierer‹, in deren als Volksgemeinschaft drapierter Klassendikta-
tur sich der vom Bürgertum mühsam konstruierte
›Mittelstand‹, wie Geiger voraussah, rasch als ent-
behrlich erweisen sollte (vgl. ebd.: Exkurs 109ff.).

Carl Dreyfuss: Illusorische Macht als Trostpreis der Deklassierung

Mit der Ausdifferenzierung von Aufgaben und Positionen im kapitalistischen Unternehmen bezogen
sich die wissenschaftlichen Kontroversen über die
gesellschaftliche Lage neuer Lohnabhängigengrup-
pen auch auf die betriebliche Ebene. Die These vom
›neuen Mittelstand‹ begründete seine Sonderstellung
vor allem mit der betrieblichen Hierarchie und deren Statusgefüge. In dieser Perspektive galten qualifizierte Arbeitskräfte, die oftmals auf der Grundlage eines besonderen Fachwissens in die Planung
des Produktionsprozesses oder gar in die Leitung
des Unternehmens einbezogen waren, als ›Mitherr-
schende‹ in der Organisation, Kontrolle und Disziplinierung der ArbeiterInnen. Die rasch anwachsenden Angestelltenfunktionen schienen jene Ansätze
der marxistischen Klassenanalyse zu blamieren, die

den übergreifenden Ausbeutungscharakter der Lohnarbeit zum Angelpunkt ihrer Zweiklassen-Theorie machten. Das damit schwerer zu entschlüsselnde Verhältnis von Realität und Ideologie der Angestelltenberufe hat Carl Dreyfuss[20] vor allem anhand der betrieblichen Praxis untersucht. Als Unternehmer und zugleich kritischer Wissenschaftler beobachtete er die Veränderungen der inneren Arbeitsteilung und deren Folgen für die Mentalität, sozialen Interessen und Denkweisen der Angestellten. In welchem Maße diese tatsächlich oder nur vermeintlich an der betrieblichen Herrschaft teilhaben und wie sie sich gesellschaftlich verorten, zeigt seine noch 1933 erschienene Studie mit anschaulichen Beispielen aus den kaufmännischen und verwaltenden Funktionsbereichen. Weil bei vielen Angestellten die Überzeugung vorherrsche, »dass gerade der Beruf sie von anderen sozialen Gruppen, vor allen Dingen von den Arbeitern, wesentlich unterscheide« (Dreyfuss 1993: 3f.), richtet sich sein besonderes Erkenntnisinteresse auf den Inhalt und die Prägekraft der *Berufsideologien*.

Als Untersuchungsfeld wählt Dreyfuss den damals noch kaum erforschten *kaufmännisch-verwaltendenen* Bereich der privaten Unternehmen. Er begibt sich damit auf das – neben dem der Techniker und Ingenieure – wichtigste Berufsfeld der Angestellten, das weniger von der stofflichen Seite der Tätigkeit als vom ›Geist des Kapitalismus‹ selbst geprägt ist. Hier arbeitet er an vielen Beispielen (Leitende Angestellte, Sekretärinnen und Stenotypistinnen, Angestellte im Außendienst und im Einzelhandel) den Einfluss der materiellen Lage und der Beschäftigungsform, des Aufgabeninhalts und vor allem der Betriebshierarchie auf die Berufsideologie heraus (vgl. 1933: 64ff.). Dreyfuss entschlüsselt, wie die »unternehmerische Beeinflussung« den Aufstieg weit eher verspricht als wirklich gewährt – und dennoch mit der Modernisierung ständischer Illusionen neue Leistungsreserven in der »Werkgemeinschaft« erschließt (vgl. 1933: 185ff.). Von der kritischen Analyse dieser Managementstrategien lässt sich noch heute lernen.

Angesichts der ersten, auch die Angestelltenarbeit im Kern erfassenden Rationalisierungsphase entlarvt Dreyfuss schon in der Aufzählung der angeblich gemeinsamen Merkmale den ideologischen Charakter der ›alt‹ und ›neu‹ übergreifenden Legende vom sozial ausgleichenden Mittelstand: Nach dieser Vorstellung zählen zur Mitte jene »Volksangehörigen«, die über »einiges Vermögen, ein eigenes Geschäft oder eine sichere Anstellung« verfügen und im »bürgerlichen Zuschnitt ihrer Lebensführung über die großen Massen der arbeitenden Klassen hinausragen, ohne aber durch ein großes Einkommen oder einen großen Besitz zu der kapital- und besitzreichen Klasse zu gehören« (Wernicke 1922: 95). An diesen Kriterien nimmt Dreyfuss Maß und zieht die nüchterne Bilanz: »Keines der in diesen Vorgaben enthaltenen Merkmale ist in der aktuellen Situation noch den Angestellten eigen.« (1933: 258)

Wie erklärt sich dennoch der fast panische Eifer, mit dem unter dem Druck der Krise viele angestellte LohnarbeiterInnen »vor der Klassenzugehörigkeit unter das Obdach dieser fiktiven sozialen Schicht« (ebd.) flüchteten? Zum einen wurden, gerade weil das alte Standesbewusstsein der realen Situation der Angestellten zunehmend widersprach, Leitbilder aus der ständischen Vergangenheit beschworen, »die durch die gewaltigen ökonomischen und sozialen Umwälzungen jede Beweiskraft verloren haben« (ebd.: 256). Sie sollten in der betrieblichen Organisationskultur die Beschäftigten innerlich an das Unternehmen binden. Als zweite maßgebliche Einflusskraft auf die Angestelltenillusionen deutet Dreyfuss die von der unternehmerischen Propaganda eingeflößte »berufliche und soziale Aufstiegsideologie« (ebd.: 258); nach dem Ersten Weltkrieg gingen auch sozialdarwinistische und militaristische Vorstellungen vom Daseinskampf in das »Gewebe von Berufsideologien« ein. In Dreyfuss' Kritik der Delegationstheorie zeichnet sich schon das zwiespältige Leitbild des ›Arbeitskraftunternehmers‹ von heute (Voß/Pongratz 1998) ab:

> »Ideologien, die wir bei der Untersuchung der Betriebshierarchie als fiktive Anordnungsbefugnis, als angemaßte oder eingebildete Selbständigkeit und Verantwortlichkeit kennenlernten, treten […] unter dem Schlagwort der ›delegierten Unternehmensfunktion‹ auf, ein so vieldeutig und dehnbar definierter Begriff, daß sich fast jeder Angestellte bis in die große Masse der mechanisch und schematisch Beschäftigten hinein als mit dieser Funktion betraut wähnen kann.« (Dreyfuss 1933: 260)

Auch betriebliche Beispiele für feine sozialkulturelle Differenzierungen zum Zwecke der Disziplinierung führt Dreyfuss aus der Welt der Kaufhäuser vor. Dort

> »werden die Herrenmodeartikel, der kunstgewerbliche Gegenstand oder das Schmuckstück zum dokumentarischen Beweismittel für die Gehobenheit der

Stellung einer Verkäuferin, Schuhe und Wäsche etwa kennzeichnen die mittlere Sphäre der Hierarchie, billige Haushaltsartikel und Lebensmittel ihre unterste Stufe. [...] Bezeichnend für die innerbetriebliche Sozialwirkung ist der Brauch, nach dem in einem der Berliner Warenhäuser die Angestellten für kleine Verfehlungen bestraft werden. Bei der ersten Straffälligkeit wird die Verkäuferin für längere Zeit in die Käseabteilung versetzt. Bei Rückfälligkeit erfolgt eine Strafversetzung in die Fischabteilung.« (ebd.: 117f.)

In solchen Beispielen und ihrer Deutung nimmt der kritische Beobachter die in Baudrillards Konsumtheorie aufgewiesene Nutzung der »Ungleichheit vor den Objekten im ökonomischen Sinn« (1979/2015: 87) vorweg und zeigt, wie sich deren disziplinierende Kraft der sozialen Formatierung auch in der Sphäre der Arbeit entfaltet.

Hans Speier: Verdeckte Klassenzugehörigkeit und die Rolle der Geltung

Die gröbsten wissenschaftlichen Illusionen über die Pufferrolle eines neuen Mittelstands wären vielleicht früher geschwunden, hätten in den 1950er Jahren die soziologischen Wortführer in der Bundesrepublik schon Hans Speiers Studie lesen können. Der hatte kurz vor 1933 eine *Soziologie der deutschen Angestell-tenschaft* (1977) vorgelegt, die dann in Deutschland nicht mehr veröffentlicht werden konnte. Seine Analyse trägt sowohl dem strukturellen Wandel als auch den historischen Eigentümlichkeiten der deutschen Gesellschaft Rechnung. Speier betont zunächst die ökonomische Nicht-Selbständigkeit als gemeinsames Merkmal von ArbeiterInnen und Angestellten und verweist damit die These vom neuen Mittelstand ins Reich der Ideologie. Zugleich nimmt er genauer als viele zeitgenössische MarxistInnen wahr, in welchem Maße die modernen Angestelltenberufe historische Traditionslinien und eine soziale Spannweite einschließen, die das gesellschaftliche Bewusstsein auf je eigene Weise prägen und interessenpolitische Spaltungslinien erzeugen können.

Mit scharfem Blick erfasst Speier das Zusammenspiel zweier Kräfte, das soziale Scheidelinien von der Art des Arbeiter- und Angestelltentitels bis heute begünstigt: zum einen die historisch gewachsenen, in Deutschland *ständisch und obrigkeits-staatlich* geprägten Unterschiede (vor allem nach sozialer Herkunft, Geschlecht und Staatsnähe des Berufs); zum zweiten die modernen, Effizienz und Effektivität verbürgenden *Organisationsformen*, die jene Traditionen nicht etwa beseitigen, sondern für den betrieblichen Rationalisierungsprozess und die Beherrschung des gesellschaftlichen Wandels nutzen. Diese Kräfte fördern eine Geltungskonkurrenz nach Geschlecht und Alter, Beruf und Bildungsgrad, hierarchischer Position und betrieblicher Funktion, ja selbst nach dem Prestige von Waren und Dienstleistungen. Das moderne Unternehmen erzeugt und pflegt damit eine »verdeckte Klasse«, deren Mitglieder in den Genuss fein abgestufter Vergünstigungen und Statussymbole gelangen. Die betriebliche Personalpolitik nutzt in den Büro- und Verkaufsberufen auch das gesellschaftliche Geschlechterregime, das Irmgard Keun in *Das kunstseidene Mädchen* (1932) ironisch schildert, für kostensenkende Lohnungleichheit. Gegen Croners Delegationstheorie stellt Speier den klassen*verdeckenden* Charakter dieser Mechanismen heraus: Statt »von delegierter Leitung« sei »von delegiertem Ansehen« (Speier 1977: 82) der Angestellten zu sprechen, weil sich tatsächlich »nur eine schmale Spitze der Schicht [...] in gesellschaftlicher Nähe der Unternehmer« befinde (ebd.: 85).

Im Kernbereich der anwachsenden ›arbeitnehmerischen Mitte‹ macht Speier dennoch ein Dilemma aus, das die betriebliche und gesellschaftliche Einordnung der Angestellten erschwert. Die ›reine‹

Klassentheorie gerate in Erklärungsnot, wenn es um das Begreifen der betrieblichen Abhängigkeitsverhältnisse geht:

> »Diese Theorie eröffnet zunächst eine tiefere Einsicht in die wirtschaftlichen Lebensbedingungen der angestellten Gehaltsempfänger, stößt aber auf sehr große Schwierigkeiten, wenn sie die soziale Geltung und die politischen Orientierungen der Angestellten zu bestimmen versucht.« (ebd.)

Auf der betrieblichen Ebene zeigt er beispielhaft, wie die Entwicklung der Arbeitsteilung auf breiter Front »das Phänomen der verdeckten Klassenzugehörigkeit« fördert. Deren Einfluss verzerre auch das gesellschaftliche Bewusstsein im betrieblichen Alltag:

> »Nicht das die Persönlichkeit missachtende Kalkül der Unternehmensleitung bestimmt ihren wahrnehmbaren Rang, sondern das Maß, in dem sie an der […] aufgegliederten Macht ›des Kapitalisten‹ kraft Organisation teilhaben.« (ebd.: 101)

Ausdrücklich warnt Speier vor dem bloßen Verweis auf überkommene ›mittelständische‹ Traditionen, wenn die sozialökonomische Stellung mit dem Verhalten nicht übereinstimmt. Die Mahnung gilt bis heute.

Im Lichte derart nüchterner Erkenntnisse bleibt eine Frage offen, die nach dem Schwinden vieler arbeitsrechtlicher Unterschiede und dem Bedeutungsverlust rein hierarchischer Machtpositionen nach wie vor kontrovers erörtert wird: Sind die typischen Sozialfiguren des vermeintlich neuen Mittelstands die ersten Rollenmodelle für eine Moderne, die in raschem Wechsel stets neue Erscheinungsformen der fremdbestimmten Arbeitskraft hervorbringt? Steht die größere Beweglichkeit von Angestellten, die anders als die ›alte‹ Arbeiterklasse Individualität zu verkörpern scheinen, für einen exemplarisch modernen Sozialcharakter, der den (zumeist männlich gedachten) Massenarbeiter des Industriekapitalismus abgelöst hat oder zumindest ergänzt?

Siegfried Kracauers Gespür für moderne Ent-Täuschungen

Am frühesten und gründlichsten ist Siegfried Kracauer diesen Fragen nachgegangen. Er hält als einfühlsamer Beobachter der Zeit vor 1933 Einsichten bereit, die ungeachtet der besonderen historischen Umstände die Modernität seiner Diagnose bis heute ausmachen: als »materiale Dialektik«, die ihre gesellschaftliche Deutungskraft aus seinem »Elan

zur Realität« gewinnt (Kracauer 1930/2008: 215).
Der Journalist, Romancier und Wissenschaftler
entdeckt noch in den kleinen Symbolen und privaten Nischen der Angestelltenwelt die allgemeinen
Züge der Entfremdung. Zugleich fragt er sich, wie
diese Realität das Denken und Träumen der Menschen jenseits der Arbeit bestimmt. Seine Essays
gelten bis heute als geschliffene, ins Gewand der
Reportage gekleidete Analysen. Aber wo alle sich
auf sie berufen, ist Vorsicht geboten. Kracauer hat
anhand der Berliner Angestelltenwelt eine lohnabhängige Schicht im Umbruch durchleuchtet und
deren Rolle in der Entwicklung der gesellschaftlichen Verhältnisse insgesamt.

Am Zusammenspiel von Sein und Bewusstsein,
am Schwanken zwischen Aufstiegsstreben, beruflicher Alltagsroutine und flüchtiger Zerstreuung ent-
hüllt Kracauer über die materielle Not hinaus die
Orientierungsnot vieler Angestellter. Indes leistet
er sich nicht das bequeme Intellektuellenvergnügen,
deren geschmälerte Karrierechancen pauschal zum
Trugbild zu erklären. Er geht ihrem Schwinden auf
vielen Ebenen und Pfaden nach: im System der gesellschaftlichen Arbeitsteilung und in den einzelnen
Berufen, im betrieblichen Rationalisierungsprozess
wie am Schicksal der Arbeitslosigkeit. Erst vor die-

sem Hintergrund tritt der zunehmend illusionäre Charakter einer geborgten Geltung hervor, die als geistiges »Asyl für Obdachlose« dient (Kracauer 1930: 117). Die alltagskulturelle Distanz, die viele Angestellte zur Arbeiterwelt aufrecht erhalten, deutet Kracauer als verzweifelten Gestus, auf den eine nüchterne Antwort erfolgt:

> »Aber winken nicht die höheren Schichten? Wie sich herausgestellt hat, winken sie unverbindlich von fern.« (ebd.: 120)

Solche Einsichten haben den jüdischen Intellektuellen den »geistig Gutsituierten« seiner Zeit entfremdet, »die, ohne es wahrhaben zu wollen, der Anhang des herrschenden Wirtschaftssystems sind«, und schließlich ins Exil getrieben.[21]

Mit Kracauer könnte die These einer gesellschaftlichen Identität jenseits der Klassen, die ›den‹ Angestellten (typisch männlich) zum Kronzeugen anruft, für abgeheftet gelten. Denn diese Rolle setzt eine Gemeinsamkeit der gesellschaftlichen Lage voraus, die am Ende der Weimarer Republik eine künstliche, nur noch illuminierte war. Die »verdeckte Klasse« der Angestellten mochte neben historischen Sehnsüchten die in der Hierarchie der betrieblichen Funktionen

wurzelnde Fremdheit gegenüber dem industriellen
Proletariat empfinden. Aber die objektiven Gründe
für die gröbsten Vorurteile begannen zu verblassen,
und im Betriebsalltag war die Gegnerschaft der Arbeiter zu den Angestellten oft stärker ausgeprägt als
umgekehrt. Noch in seiner Analyse der Gründe für
die Anziehungskraft der NS-Ideologie hält Kracauer
an der grundlegenden Erkenntnis fest, dass nach den
objektiven Interessen die *neuen*, abhängig beschäftigten Mittelschichten nichts mehr mit dem *alten*
Mittelstand der Besitzenden verbindet:

> »Wird hier die Unabhängigkeit zum Schein, so hört sie
> bei den Angestellten auf, eine Hoffnung zu bilden.«
> (Kracauer 1933a/1990: 225)

Dennoch missachtet er in dem Prozess, in dem die
kapitalistische Dynamik die Klassenbeziehungen
und sozialen Charaktere immer wieder von neuem erzeugt, keineswegs die historische Macht der
gesellschaftlichen Institutionen, Kulturbestände
und Konventionen, die Interessen und Mentalitäten prägen. Er hat diese Einflüsse in der Politik wie
im Film und den Massenmedien seiner Zeit aufs
Genaueste untersucht (vgl. Kracauer 1931b/1990;
1947/1979).

Zwischenfazit: Erste Lehren für die Gegenwart

Was lehren uns die nur scheinbar veralteten Studien? Die angestellten Arbeitskräfte, am Ende des 19. Jahrhunderts von Schmoller zum »neuen Mittelstand« geadelt, waren in den sozialen Umwälzungen nach dem Ersten Weltkrieg als die am stärksten wachsende Schicht in der Gesamtklasse der abhängig Beschäftigten (des Kapitals oder des Staates) erkannt worden. Die hier vorgestellten Weimarer Gesellschaftsforscher bedachten in ihren Klassenanalysen neben den in der gesellschaftlichen und betrieblichen Arbeitsteilung hervortretenden Differenzierungslinien auch den historischen Einfluss der vergangenen Selbstbilder auf das ›mittelständische‹ Bewusstsein und die Lebensführung der neuen Lohnarbeitergruppen. Sie nahmen sehr wohl wahr, dass die FabrikarbeiterInnen die meisten Angestellten im betrieblichen Alltag den *them* und nicht den *us* zurechneten – und dass vielen Angestellte noch der Sehnsuchtsort einer sicheren beruflichen Existenz vor Augen stand: »Das *ständische Wunschbild* bezeichnet den Punkt, an dem sich die Eigentümer und Arbeitnehmer des Mittelstands [...] finden konnten.« (Geiger 1932: 120) Dennoch ordneten die kritischen Weimarer Beobachter den

›neuen Mittelstand‹ sozialökonomisch der Lohnarbeiterklasse zu und deckten den gesellschaftlichen wie zugleich ideologischen Charakter dieser »verdeckten Klasse« auf. Auch empirisch erscheint das Bild schlüssig: Offene und verdeckte Lohnabhängige zusammengenommen, waren nach der sozialstatistischen Erhebung von 1925 von 32 Millionen Erwerbstätigen 21 Millionen unselbständig beschäftigt bzw. arbeitslos, die Klasse der Lohnabhängigen umfasste damit zwei Drittel (66%) der Erwerbsbevölkerung. Wie viele davon sich wohl in der Antwort auf die besänftigenden Fragen von heute der Mitte zugerechnet hätten?

Mit den Einsichten der Soziologen aus der von Krisen geprägten Endphase der Weimarer Republik ließe sich im Blick auf die gewandelten Verhältnisse noch heute leben und forschen. Sie machen die wachsende Vielfalt an Lohnarbeitsformen begreiflich, die weder in mechanistischen Klassendefinitionen noch in Max Webers bürokratischem Typus angemessen eingefangen ist. Schon die Fülle an Qualifikationen, betrieblichen Positionen, Berufsfeldern und Arbeitsinhalten lässt jeden Versuch scheitern, noch eine objektive Einheit ›der‹ Angestellten oder gar ›der‹ Mittelschichten zu konstruieren. Was freilich bis heute gilt, ist die Erfahrung, dass Systeme der Arbeitsteilung und der Differenzierung nach Qualifikation und Verantwortung jene Mechanismen fördern, die Geiger, Speier und Dreyfuss zu einer *modifizierten* Klassentheorie nötigten. In ihr spielen betriebliche Abstufungen und die Macht der sozialen Geltung auch klassen*politisch* eine neu zu interpretierende Rolle. Eine genauere Analyse hätte, so Speier im Rückblick, »zur Einschränkung der marxistischen Theorie vom ›falschen‹ und ›richtigen Bewusstsein […] führen müssen« (Speier 1977: 89). Dass die betrieblich teils realen, teils bloß inszenierten Abstufungen und Kontraste zwischen Unten und Mitte, Produktion und Verwaltung, ArbeiterInnen und Angestellten noch lange wenngleich in blasseren Farben überleben, zeigt sich daran, dass bis heute die Einkommen der Angestellten (und des Beamtenpersonals), die breiter denn je nach Branchen, Berufen, Hierarchiestufen und nach wie vor nach dem Merkmal des Geschlechts streuen, dennoch von ›unten‹ her häufig in dem Ruf stehen, ungerechtfertigt hoch zu sein. Zum Ergötzen der ökonomischen Elite und ihrer Beraterkaste neigen viele ArbeiterInnen dazu, das Angestellteneinkommen nicht an den allen nachvollziehbaren Leistungsmaßstäben spottenden Prämien[22] der vorwiegend männlichen Spitzenmanager zu messen, sondern am Durchschnittslohn des Produktionsarbeiters, der indes häufig weit über dem vieler angestellter, vor allem weiblicher Arbeitskräfte im Dienstleistungsbereich liegt.

In der marxistischen Diskussion und in der kritischen Sozialforschung herrschten häufig allzu optimistische Illusionen über die Vergänglichkeit konkurrenzgeprägter Gerechtigkeitsvorstellungen und beruflicher Mentalitäten vor, die auf Anerkennung durch Teilhabe an der betrieblichen Herrschaft ebenso setzen wie sie scheinhaften Statusgewinnen aufsitzen. Kritisch vermerkte Geiger zu einigen marxistischen Prognosen seiner Zeit:

> »Man soll nicht Bevölkerungsmassen als eine Schicht, Klasse oder Stand bezeichnen, weil man ihnen eine geschichtskonstruktiv geforderte Funktion im gesellschaftlichen Lebensprozeß zuschreiben möchte.« (Geiger 1932: 125)

Wenngleich damit das Problem eines ›falschen Bewusstseins‹ nicht hinwegerklärt ist, mag die ergänzende, schon Max Weber nicht unvertraute Sichtweise von Bourdieu (1983) theoretisch angemessen und empirisch erhellend sein: dass auch innerhalb der Klasse der abhängig Beschäftigten sich ein historisch erworbener Vorteil – nicht nur die soziale Herkunft, sondern auch der seltene Beruf oder die spezielle Qualifikation – zum *kulturellen* oder *sozialen Kapital* verfestigen kann. In welchem Maße und wie rasch solche relativen Vorteile anwachsen oder schwinden, ist jeweils nur empirisch zu ermitteln. In der Gegenwart dürfte bei qualifizierten Angestellten ein von der Fachausbildung und den betrieblichen Kooperationsbeziehungen geprägtes *Berufs*bewusstsein weit eher verbreitet sein als das Empfinden, einer besonderen, von den ArbeiterInnen scharf getrennten Mittelschicht anzugehören.

Das Ergebnis ist damit zwiespältig. *Einerseits* fehlen den meisten der jenseits der unmittelbaren Produktion Beschäftigten eigenständige, von der Industriearbeiterschaft abgegrenzte Selbstbilder und Wertmaßstäbe, die eine neue ›Mittelklasse für sich‹ begründen könnten. Nachdem das klassische Proletariat nicht nur in seinem unqualifizierten Segment weiter deklassiert, sondern auch im Umfang geschrumpft und sozialstatistisch in die Minderheit geraten ist (vgl. Beaud/Pialoux 2004), dürfte heute eher zutreffen, dass das durchschnittliche Angestelltendasein im öffentlichen Bewusstsein den (erwünschten) Normalzustand der modernen Lohnarbeit repräsentiert. *Andererseits* wissen häufig gerade gehobene – nach wie vor typisch männliche – Angestellte und Beamte bis heute, mit wem man sich nicht gemein macht. Aber die Abgrenzungslinien sind auch im Denken und Empfinden flüssiger geworden.

Dieser Rückblick soll keineswegs suggerieren, die Erkenntnisse und Kategorien aus den ›Weimarer‹ Klassenanalysen und Angestelltenstudien ließen sich unmittelbar aufs Heute übertragen, als habe sich in Wirtschaft und Gesellschaft, an den Beschäftigungsformen und institutionellen Rahmenbedingungen, an den Mentalitäten und in der Interessenpolitik nichts geändert. Aber es bleiben *Klassenverhältnisse.* Hinter diese Diagnose fällt die derzeit vorherrschende Selbstbeschreibung der deutschen Gesellschaft zurück – unter tätiger Mithilfe einer weithin *klassenblinden* Sozialforschung. Deren vorherrschende Deutung der empirisch vermessenen Ungleichheiten trägt in ihrer Begriffspolitik mit dazu bei, dass sich die mediale Diskussion über soziale Spaltungen zur talkshowtauglichen Sorge um eine angeblich »enthemmte Mitte« (Decker u.a. 2016) verengt – als sei Demokratie im Umkehrschluss nur durch Triebverzicht zu erkaufen. Damit droht eine Verödung, ja der Konkurs des öffentlichen Diskurses über eine Moderne, die niemals *keine* Klassengesellschaft war.

Die Gegenwart im Lichte historischer Klassenstudien: Vermessene Mitte, vergessene Klassen

»MITTELSTAND: Gesellschaftsschicht, der, seitdem es sie nicht mehr gibt, alle anzugehören glauben.«
(Richard Schuberth 2014: 90)

Nach dem Zweiten Weltkrieg wuchs mit der Entwicklung des demokratischen Kapitalismus in der Bundesrepublik der Anteil jener abhängig beschäftigten Arbeitskräfte, die über den Kernbereich der industriellen Produktion hinaus den gesamten, für die Verwertung des Kapitals notwendigen Reproduktionsprozess in Gang halten. In Zuge dieses Wandels prägten im Innern der Lohnabhängigenklasse, vor allem in deren mittleren Rängen, neben der sozialen Herkunft zunehmend auch der Bildungsgrad und die berufliche Qualifikation die Einkommenschancen und Arbeitsbedingungen, die Sicherheit und Planbarkeit der Lebenslage. Von dieser Seite her schien die in der Arbeiterbewegung verbreitete ›einfache‹ Version des Kampfes zwischen der ausbeutenden und der ausgebeuteten Klasse endgültig widerlegt. Vor allem die neuen Fraktionen der abhängig Beschäftigten wurden zu Kronzeugen im sozialwissenschaftlichen Deutungsstreit. Wie fügten sich in ihm die zumeist im Angestelltenverhältnis tätigen Gruppen in die Gesellschaft der Bundesrepublik ein – und was geschah mit den grundlegenden Weimarer Einsichten in die Gesellschaft des modernen Kapitalismus?

Geigers Kehre und Schelskys Beitrag

Der an Weimarer Soziologen skizzierte Erkenntnisstand zum Wandel der Klassenstruktur ging mit der Entwicklung zum demokratischen Kapitalismus nach 1945 weitgehend verloren – und Musils »Kohlweißlingsjagd« in der Mitte begann von Neuem. Erstaunlich ist der Zeitpunkt, zu dem in der hegemonialen Wahrnehmung das Bild einer Gesellschaft entstand, die angeblich ihre »Arbeiterklasse in die Mittelschicht integriert« (Koppetsch 2013: 18) hat. Wie Paul Nolte zutreffend urteilt, setzte sich »die Vorstellung von ›Entklassung‹ und sozialer Nivellierung […] nicht erst am Ende der fünfziger oder in der ersten Hälfte der sechziger Jahre durch, sondern bereits zwischen 1949 und der Mitte der fünfziger Jahre, […] als die ›Mangelerfahrung‹ noch nicht der ›Wohlstandsgesellschaft‹ Platz gemacht hatte.« Da nach 1945 die Klassenstruktur nicht maßgeblich von den Weimarer Verhältnissen abwich[23], müssen Kräfte der Selbstdeutung am Werk gewesen sein, die solche »Denkmuster gewissermaßen der sozialökonomischen Realität vorausschickten« (Nolte 2000: 320). An der Fertigung eines Gesellschaftsbildes, das die ›Volksgemeinschaft‹ gleichsam modernisierte, war die von NS-Ideologen und Mitläufern keineswegs freie Nachkriegssoziologie maßgeblich beteiligt.

Der frühe öffentliche Diskurs stützte sich auf zwei Leitbilder, die auf verdrehte Weise an die Positionen aus der Weimarer Republik anknüpften: Theodor Geiger (1949) gab nach dem Zweiten Weltkrieg – geprägt vom Emigrationsschicksal und später vom Klima des Kalten Krieges – einige Positionen seiner Studie von 1932 preis und rief die *Klassengesellschaft im Schmelztiegel* aus.[24] Den vermeintlichen Kern dieser Diagnose brachte Helmut Schelsky (1953) dann auf den Begriff, der dem westlichen Nachkriegsdeutschland zu einer neuen, aus der bürgerlichen Soziologie freilich wohlbekannten Identität verhalf: die *nivellierte Mittelstandsgesellschaft*. Nach dieser Theorie werden die Individuen nicht nur vor dem Gesetz (fast) alle gleich, sondern dank der sozialen Mobilität auch in den Lebenschancen und den Gewohnheiten des Konsums. Das führe

»zu einem relativen Abbau der Klassengegensätze [...] und damit zu einer sozialen Nivellierung in einer verhältnismäßig einheitlichen Gesellschaftsschicht, die ebenso wenig proletarisch wie bürgerlich ist, d.h. durch den Verlust der Klassenspannung und sozialen Hierarchien gekennzeichnet ist.« (Schelsky 1953: 332)

Das suggestive Bild der Nivellierung kann angesichts des Überlebens obrigkeitsstaatlich geprägter Denkweisen und rassistischer Vorurteile in der Gesellschaft der Bundesrepublik als die *modernisierte* Ideologie einer Volksgemeinschaft der Mitte gelten.[25] Während die Bundesrepublik ordnungspolitisch als *Soziale Marktwirtschaft* firmiert (vgl. Ptak 2004), hilft Schelsky mit der *nivellierten Mittelstandsgesellschaft* »die Klassen durch Theorie zum Verschwinden« zu bringen (Ritsert 1998: 88). Für die Konstruktion der Wirklichkeit bemüht er den »Mittelstand«, obwohl er die »Entdifferenzierung der alten, noch ständisch geprägten Berufsgruppen« (Schelsky 1953: 332) gar nicht leugnet. Indem er dennoch das historisch entleerte Attribut bemüht, fällt er hinter die von Max Weber eingeführte Unterscheidung von Stand und Klasse zurück.

In welchem Maße das *rück-ständische* Bild einer Gesellschaft, die doch zugleich eine radikale Modernisierung durchlief, das öffentliche Bewusstsein in der frühen Bundesrepublik weiterhin beherrscht, zeigt sich daran, dass noch 1955 in der deutschen Fassung von C.W. Mills' *White Collar*-Studie (1951) die *Menschen im Büro* begrifflich als »Mittelstand« ausgewiesen sind – Mills' kritische Analyse der abhängig beschäftigten Mittel*klassen* versinkt im Kleinbürgerplüsch einer gedankenlosen Übersetzung.[26] Die Rolle der »nivellierten Mittelstandsgesellschaft« als öffentliches Leitbild verdankt sich einerseits der griffigen Beliebigkeit des Begriffs, andererseits dem auch für die lohnarbeitenden Klassen und Schichten steigenden Lebensstandard, den der – erst in weitgehend vergessenen Klassenkonflikten erkämpfte – Sozialstaat absichert. Das *Wirtschaftswunder* ist noch heute Teil des kollektiven Gedächtnisses.[27] Dieselbe Erzählung aus Arbeitgebermund kennt nur ein einziges Subjekt: Hier hat »die westdeutsche Wirtschaft […] einem ruinierten Volke wieder einen erträglichen Wohlstand geschaffen« (Friedrich 1959). Auch in dieser Deutung treten alte und neue Mittelschichten gemeinsam als Kronzeugen für die Segnungen der Marktgesellschaft auf.

Die Nivellierung geht, die Mitte bleibt

Wenn nach wie vor die materialistische Erkenntnis gilt, dass der Gegensatz und das institutionalisierte Zusammenspiel von Kapital und Lohnarbeit zwei höchst unterschiedliche Besitzklassen, die der »Lohn- und der Profitabhängigen« (Streeck 2013: 48) voraussetzen, dann müssten wesentliche Veränderungen eingetreten sein, die in Deutschland die Entsorgung des Klassenbegriffs und die Konstruktion einer im Innern nach neuen Kriterien differenzierten Mitte begründen könnten. Die hier ausgewählten soziologischen Studien widmen sich der Frage, wohin die vielbeschworene Mitte driftet. Die enttäuschend beliebigen Antworten verweisen auf das tiefere Problem: Wer zählt in den neuen Analysen zur modernen Mittelschicht? In welchen Begriffen wird sie vermessen, wie fügt sie sich in das Bild der deutschen Gesellschaft? Was ist aus dem klassentheoretischen Passepartout und den Sichtweisen geworden, die in der Weimarer Soziologie noch vorherrschten?

Die meisten der neueren empirischen Studien[28] stimmen darin überein, dass spätestens seit dem Ende der Systemkonkurrenz 1989 die soziale Ungleichheit drastisch zugenommen hat. Auf diese

Entwicklung antwortet der sozialwissenschaftliche Diskurs zwiespältig. Einerseits rücken aufgrund der harten Daten »vertikale Differenzierungen [...] wieder stärker in den Vordergrund des Ungleichheitsdiskurses« (Burzan u.a. 2014: 13). Andererseits widmet sich die soziologische Diagnose auffallend häufig der Mitte, und sei es in Gestalt der Sorge, »dass vor unseren Augen mit Gesellschaftsmodellen ohne Mitte und Maß experimentiert wird« (Bude 2015: 18). Mit der eilfertigen Vermischung von sozialstruktureller und politischer Mitte lassen sich indes die ökonomische Basis der Veränderungen und damit die Klassengesellschaft nicht zureichend erfassen. Zu Recht klagt der Wirtschafts- und Sozialhistoriker Hans-Ulrich Wehler, dass der »in Deutschland immer noch verpönte Klassenbegriff und die Realität der in Klassen gegliederten Marktgesellschaft [...] sprachkosmetisch verdrängt« werden (Wehler 2013: 7). Der Vorwurf trifft nicht nur die Medien, sondern auch die Sozialwissenschaften. Er lässt sich nicht empirisch auszählen, aber doch exemplarisch an der Art und Weise belegen, wie die Mitte auf das Ganze der Gesellschaft bezogen wird.

In dem Diskussionsband *(Un-)Gerechte (Un-) Gleichheiten* (Mau/Schöneck 2015) tritt die Deutung der gesellschaftlichen Entwicklung beispielhaft zutage. Auffälliges Merkmal: Der Begriff der Klasse taucht in keinem Titel der zwanzig Beiträge[29] zum »Strukturwandel der Ungleichheit« auf. Die vorherrschende Fachsprache ist eine andere: Da ist von »*Ungleichheits*begrenzungsoptimismus« und »*Ungleichheits*korrekturmaßnahmen« (Mau/Schöneck 2015a: 14) die Rede, und mit sozialstatistischer Gründlichkeit entdeckt ein Autor die »zunehmende *Bifurkation* zwischen den absoluten Spitzenpositionen und den darunter liegenden Positionen im höheren und mittleren Bereich der Skala« (Münch 2015: 67). Derart blutleere Begriffe sind nicht nur sprachliche Gipfel einer *déformation professionelle.* Auch was die Theorie der Gesellschaft betrifft, schleicht die Katze um den heißen Brei.

Heinz Budes »Brennpunkte sozialer Spaltung«

Am Beispiel eines vielgelesenen, dem Zeitgeist stets auf der Spur bleibenden Sozialforschers lässt sich zeigen, wie die neue Lehre von der Mitte mit den unteren sozialen Rängen umgeht und die Gesellschaft als Ganze begreift. Heinz Bude (2015) sorgt sich neuerdings um die »Brennpunkte sozialer Spaltung« und drohende Konflikte.[30] Zunächst verweist er darauf, dass der frühere »Integrationsoptimismus einer ›langen Nachkriegszeit‹ […] auf der Vorstellung einer sich ausbreitenden und tief verankerten Mitte der Gesellschaft beruhte«; er sei heute einem »prinzipiellen Pessimismus über die Einigungs- und Ausgleichsfähigkeit« (ebd.: 17) der Gesellschaft gewichen. Wo steht die Messwarte der sozialen Tektonik? »Das Gefühl, dass sich unsere Gesellschaft spaltet, wird zuerst und zumeist in der gesellschaftlichen Mitte artikuliert.« (ebd.: 19) Wenn Bude zudem besorgt anmerkt, nur der »Puffer einer vertikal differenzierten und horizontal pluralisierten Mitte« könne verhindern, dass »die Privilegierten und die Unterprivilegierten [...] direkt aufeinanderstoßen« (ebd.: 18), lässt sich fragen, welche inneren Differenzierungslinien, Interessenlagen und Mentalitäten die zur »deutschen Mehrheitsklasse« (ebd.: 19) ernannte Mitte kennzeichnen und wie sie sich in die gesamte Gesellschaft einfügt.

Die im *Innern* seiner Mittelschicht-Melange neu auftretenden Spaltungslinien und Umschichtungen macht Bude zunächst an zwei Personen aus der sozialstatistisch unteren und oberen Mitte fest, die ›klassenkulturell‹ verwandt sind, deren finanzielle Ressourcen jedoch auseinanderdriften und den Zusammenhalt in der Mitte bedrohen: So wohnen »in einer mietpreisgeschützten Altbauwohnung die alleinerziehende Künstlerin mit ihrer Tochter, in der Eigentumswohnung im Dachausbau der Sportarzt mit seiner fünfköpfigen Familie.« Dieselbe Mieter-Mitte bevölkern ferner »viele Angestellten- und Facharbeiterhaushalte [...], die mit den Eineinhalb-Einkommen der Eheleute [...] nur über einen ›prekären Wohlstand‹ verfügen.« Bude sieht durchaus, dass beide, die genötigte Solounternehmerin wie die abhängig beschäftigten mittleren Einkommensgruppen, »mit einer gewissen Verbitterung auf die Doppelverdiener-Haushalte von *high potentials*« schauen, »die in den letzten dreißig Jahren erhebliche Einkommensgewinne erzielt haben« (ebd.: 20f.). Aber indem er alle Gruppen ungeachtet ihrer unterschiedlichen Stellung im gesamten Reproduktionsprozess einer diffusen Mitte zurechnet, bleiben die tatsächlichen Veränderungen der Klassenstruktur, die sich im Grenzgebiet zwischen den sozialstatistisch gefassten Unter- und Mittelschichten zutragen (und in den Mietverhältnissen nur spiegeln), außerhalb des Blickfelds.

Wo sich Bude dem Kellergeschoss zuwendet, das von unten an seine ›Mehrheits-Mitte‹ grenzt, fallen ihm vor allem Unterschiede auf, die noch das ›Unten‹ weiter ausdifferenzieren. Hier stehen den »Angehörigen einer Gruppe der *markt*bezogenen

Proletarität, die trotz Vollzeitbeschäftigung arm bleiben«, die Mitglieder »eines Milieus der *staats*bezogenen Prekarität« gegenüber, »die zwischen Beschäftigung, Quasi-Beschäftigung und Nicht-Beschäftigung hin- und herwechseln« (ebd.: 22). Die seltsame Unterscheidung läuft darauf hinaus, zwei eng verwandte, im ständigen Mitgliederaustausch stehende Klassenfraktionen mentalitätspolitisch gegeneinander in Stellung zu bringen: die Marktgängigen hier, die Staatsbedürftigen dort. Die ServicearbeiterInnen als »Proletarier unserer Zeit« sind angeblich stolz darauf,

> »dass sie ihr Geld selbst verdienen und nicht vom Staat abhängig sind. Deshalb sind ihnen die Grenzgänger am Arbeitsmarkt, die sich dem Sozialstaat in die Arme werfen und auf die Wiederkehr der ›goldenen Epoche‹ der arbeiterlichen Respektabilität hoffen, nicht grün.« (Bude 2015: 25)

Mit dem empirisch ungenauen, im Ton hochmütigen Urteil fällt Bude in doppelter Hinsicht hinter Max Weber (1921/1964: 21) und die theoretischen Einsichten der Weimarer Klassenanalysen über typische Interessenlagen zurück: *Erstens* geht bei den für die Mitte herangezogenen Beispielen der wesentliche Unterschied zwischen den Grundklassen des Besitzes und der Lohnarbeit verloren. Er weicht einer Feingliederung nach Einflusskräften, die wichtig sein mögen, aber ihre Wirkung nur im Ensemble der vom Klassengegensatz geprägten Abhängigkeitsformen entfalten. Bude vergisst oder hält es für wenig erheblich, dass nach wie vor der Klasse derer, die von Lohnarbeit leben *müssen*, die Klasse der Kapitaleigentümer samt ihrem Managementpersonal gegenübersteht, die jene zur Quelle ihres Profits machen *können*.[31] Auf einer *zweiten Ebene* vernachlässigt Bude in der Sorge um die schwindende Rolle der Mitte für den Zusammenhalt der Gesellschaft die sozialökonomischen Gemeinsamkeiten der Arbeitskraftbesitzenden. Während real die große Mehrheit der Mitte mit ›denen da unten‹ die Lohnabhängigkeit teilt, macht Bude in seinem Kellergeschoss, das er ohnehin scharf von den Mittelschichten abgrenzt, nochmals zwei ›Kulturen‹ aus, die sich wenig zu sagen haben: Angeblich entwickeln die alten »Grenzgänger am Arbeitsmarkt« und das neue Servicepersonal der Niedriglöhner keine gemeinsamen Interessen mehr:

»Das *Prekariat* der vom Markt Verbannten und das *Proletariat* der neuen ›Gesellschaft der Individuen‹ stehen sich so fremd gegenüber, dass sie keine Sprache für gemeinsame Ideen, Interessen und normative Ansprüche haben.« (Bude 2015: 25, Hervorh.: U.K)

Derart steile, empirisch fragwürdige Thesen dienen einer Diagnose, die Bude in seiner übergreifenden Studie zur *Gesellschaft der Angst* schon festgelegt hat: »Heute ist der schwelende Klassenkonflikt kein Thema mehr.« (2014: 62) Der dort in einer Fußnote geführte sozialstatistische ›Beweis‹, demzufolge die deutsche Mittelschicht in den 1920er Jahren nur rund *ein Drittel*, in den 1960er Jahren aber schon *nahezu die Hälfte* der (bundesdeutschen) Bevölkerung umfasst habe, gibt Äpfel für Birnen aus: In Boltes berühmter Zwiebel bestehen die 29 Prozent der »unteren Mitte« (vgl. Geißler 2014: 99) aus ArbeiterInnen, die Geiger in seiner Zählweise gerade *nicht* zur diffusen ›Mittelschicht‹ schlägt. Ohne diese Gruppe aber erweist sich Budes behauptete Ausweitung der Mitte in den 1960er Jahren als Phantom.

Das Phantom verdankt sich im Grunde einem Denken in Kategorien der kulturellen Differenz. Damit liegt der Fall einer »Umdeutung von Klassentheorien« (Baron 2014: 225) vor, in der die ökonomischen Grundlagen der bürgerlichen Gesellschaft fast vergessen sind. Stattdessen wird begriffsstrategisch eine Unterschicht konstruiert und mental – wie implizit auch moralisch – von den Mittelschichten abgesondert. Der ungenaue, ja ideologische Blick erscheint typisch für eine Sozialforschung, die auf der Suche nach Differenzierungen die übergreifenden Klassenverhältnisse aus dem Blick verliert, die Mitte zur eigenen Kultur stilisiert und dadurch von ›denen da unten‹ fernhält.

Steffen Mau: Die Mitte als »nicht ganz exakt zu definierende Großkategorie«

Wenn schon das erste Kapitel einer Studie, deren Untertitel fragt, wohin die Mittelschicht driftet, mit dem Eingeständnis beginnt: »Der Begriff der Mitte ist unscharf, ja geradezu schwammig. Die Mitte befindet sich irgendwo zwischen Oben und Unten« (Mau 2012: 13), dann kann das Publikum vom Autor eine Begründung erwarten, warum er ausgerechnet dieses ›Irgendwo‹ für wichtig hält, zumal Mau zugleich vor einer »ideologischen Überhöhung« (ebd.: 7) der Mitte warnt. Wer also gehört dazu? Mau verlegt den »gesellschaftlichen Kernbereich der Mittelschicht« in ein sozialökonomisches Niemandsland. Er umfasse

»den alten Mittelstand (also Handwerker, Händler, Gewerbetreibende und Landwirte) sowie ein neues Segment der höher qualifizierten Angestellten, Beamten und Freiberufler.« (ebd.: 29)

Für Mau ist die so konstruierte Mittelschicht »mehr denn je eine Zwischenklasse, ein Zwitterwesen«, für deren Mitglieder »Marktaffinität und ›Staatsbedürftigkeit‹ [...] gleichermaßen gelten« (Mau 2016: 38). Dass diese Einschätzung hinter Geigers Differenzierungen zurückfällt, wird klar, wenn man bedenkt, dass abhängig Beschäftigte (angestellt oder beamtet) und Selbständige (Handwerker, Händlerinnen, freie Berufe) ihr Einkommen aus verschiedenartigen Quellen bestreiten. Sie befinden sich, was die Erwerbsformen, die Art und Höhe der Entlohnung, die Rolle öffentlicher Güter (soziale Sicherungssysteme und Dienstleistungen) samt deren Finanzierung über Steuern betrifft, in gegensätzlichen objektiven Interessenlagen, gleich ob man Marx oder Weber bemüht.

Doch selbst dieses Zwitterwesen ist nicht genug. Mau holt aus der Etage ›eins tiefer‹ eine ganz maßgebliche Fraktion der Lohnarbeitsklasse in die Mitte der Gesellschaft:

»Es gibt eine um die abhängige Erwerbsarbeit herum gruppierte ›arbeitnehmerische Mitte‹ [...], die nicht notwendigerweise akademisch gebildet ist, sondern durch berufliche Ausbildung zur Mittelschicht aufschließt, also zum Beispiel Facharbeiter, mittlere Angestellte und Menschen technischer Berufe. Sie erzielen mittlere Einkommen und erreichen damit einen durchschnittlichen Lebensstandard.« (Mau 2012: 31)

Hier genügen die Merkmale *mittleres Einkommen* und *durchschnittlicher Lebensstandard*, um das Bild einer modernen Mittelschichtgesellschaft auszumalen, dessen Klassenfarben verblasst sind. Maus Vorschlag, selbst die Facharbeiter der Mitte zuzuschlagen, ist nicht einmal von der Selbstverortung dieser Lohnabhängigenfraktion gedeckt, auf die sich die Ungleichheitsforschung gerne beruft: Laut Datenreport (Statistisches Bundesamt 2016: 208, Tabelle 5) ordnen sich 62 Prozent der Facharbeiter der »Unter-/Arbeiterschicht« zu, aber nur 37 Prozent der »Mittelschicht«. Als sei der Umgang mit Begriffen eine Sache von Angebot und Nachfrage, beschreibt Mau ohne Reflexion und Bedauern, der Begriff *soziale Schicht* habe sich nicht nur in der öffentlichen, sondern auch »in der wissenschaftlichen Diskussion gegen Konkurrenten wie Klassen

oder soziale Lagen« durchgesetzt.[32] Während eine
theoretisch anspruchsvolle Sozialforschung dem
verkündeten Markterfolg des Schichtbegriffs und
der Mitte gründlich zu misstrauen hätte, begnügt
sich Mau mit der Auskunft:

»Wir wissen aus vielen Umfragen um die Anziehungskraft der Mitte: Bitten Soziologen die Menschen, sich
selbst einzuordnen, so zeigen sich immer wieder die
Sehnsucht nach einer Positionierung in der Mitte und
eine Ablehnung der Extreme.« (Mau 2012: 32).

Methodisch verdankt sich diese Entsorgung der
Klassenfrage einer seltsamen Erhebungstechnik:
Empirische ForscherInnen fragen, die Befragten
meiden Extreme, die begriffsblinde Soziologie be-
dankt sich und versieht die »Mittelschichtgesellschaft« (Burkhardt u.a. 2013: 9) mit dem ›wissenschaftlichen‹ Prüfstempel.

In ähnlich verengter Spur bewegt sich Mau, wenn
ihn die Sorge um die gesellschaftliche Entwicklung
insgesamt umtreibt. Angesichts der Polarisierung des
Reichtums gehe es darum, »normative und funktio-
nale Aspekte zusammenzudenken. Dann sieht man
schnell, dass beispielsweise die Hyperkonzentration
von Vermögen nicht nur moralisch zweifelhaft sein

kann, sondern zugleich dysfunktional – mit gravierenden Folgeschäden für wirtschaftliches Handeln und soziale Integration.« (Mau/Schöneck 2015: 13) Dieser Koppelung von wirtschaftlicher Funktionalität und sozialer Integration liegt ein Bild der Gesellschaft zugrunde, deren soziale Bindekräfte insbesondere vom materiellen Wohlergehen und dem normativen Vorbild der Mittelschicht abhängen.[33] In ihm gilt das wirtschaftliche Handeln, kapitalistisch verfasst und marktgetrieben wie es ist, als funktionaler Garant der Reichtums*verteilung* – das eigentliche *Produktions*zentrum der Ungleichheit bleibt unbegriffen.

Nicole Burzan u.a.: Die Mitte sicherer als gedacht – aber welche Mitte?

Die Studie von Burzan, Kohrs und Küsters, die sich in Tonfall und den sorgfältig erhobenen Befunden vom Alarmismus der öffentlichen Debatten wohltuend abhebt, setzt an »aktuellen und antizipierten Unsicherheitserfahrungen in der Mittelschicht an.« (Burzan u.a. 2014: 11). Den Hintergrund bilden vertraute Phänomene: die Polarisierung der Einkommen und eine weit stärkere der Vermögen; wachsende Absteigeranteile aus der Einkommensmitte; die in jungen, fast regelungsfreien Branchen und im Dienstleistungsbereich spürbare Ausbreitung be-

fristeter und scheinselbständiger Beschäftigungsformen, die auch in qualifizierte Berufe vordringen.
Das fördert die Ängste, der erreichte soziale Status
könnte im Alter gefährdet sein und die Zukunft der
Kinder erst recht.

Empirisch versuchen die Autorinnen, das reale
Ausmaß und die Bereiche der Unsicherheit mit Daten des Sozioökonomischen Panels (SOEP) zu klären,
ergänzt um qualitative Interviews mit zwei für die
modernen Mittelschichten typischen Berufsgruppen:
qualifizierte Angestellte in der Unternehmensver-
waltung und festangestellte wie ›freie‹ Medienschaf-
fende. Weil sie wissen, zu welchen »unterschiedlichen Diagnosen unterschiedliche Definitionen der
Zielgruppe führen […], wenn es um die soziale Lage
und dann um das Unsicherheitsempfinden« geht,
wollen sie ausdrücklich vermeiden, »unreflektiert
zwischen verschiedenen Bestimmungen einer gesellschaftlichen Mitte zu wechseln« (ebd.: 16).

Die Sozialforscherinnen beschreiben verschiede-
ne Mitte-Konzeptionen, erörtern die Abgrenzungs-
probleme nach unten wie oben und kritisieren den
Versuch, als typisch geltende Mentalitäten oder Werte vorschnell in den Begriff der Mittelschicht hin-
einzuziehen. Aber am Ende des Durchgangs durch
die Literatur erfolgt keine Antwort auf die selbst-

gestellte Frage »Wer ist die ›Mitte‹?« Die Kategorie bleibt ungeklärt. Die Autorinnen zeigen zwar, für welche Teile der Mittelschicht die Unsicherheiten in welchem Ausmaß gelten, und fassen ihre differenzierten Befunde in einem vorsichtigen »sicherer als erwartet« (ebd.: 178ff.) zusammen.[34] Damit widersprechen sie zwar nüchtern dem Mitte-Dramolett des Feuilletons. Aber ihre Deutung spart den Gesamtblick auf den Strukturwandel der Klassengesellschaft aus, in den sich die empirischen Befunde erst sinnvoll einordnen ließen. Schon im Untersuchungssample landen die abhängig beschäftigten Mittelschichten mit den Selbständigen bzw. dem Kleingewerbe in einem Boot. Diese Einebnung der sozialökonomischen Gegensätze in der Mitte wird nicht theoretisch, sondern nur methodisch mit Forschungskonventionen begründet, deren »Verbreitung eine gute Vergleichbarkeit unserer Befunde mit dem Forschungsstand gewährleistet« (ebd.: 5). Damit prägen die im EPG-Schema schon angelegten Unklarheiten[35] das klassenjenseitige Verständnis und den empirischen Zuschnitt der Mitte:

»Selbständige sind typischerweise eine sehr heterogene Gruppe vom sich ausbeutenden Scheinselbständigen bis zum Großunternehmen, doch sollen sie hier trotz

dieser Unschärfe einbezogen werden, um den sogenannten ›alten Mittelstand‹ nicht zu vernachlässigen.
Durch die Kennzeichnung der beiden Gruppen, der
unteren Dienstklasse und der Selbständigen als ›Mitte‹, ergibt sich eine kleine, tendenziell akademisch ge-
prägte Mittelschicht, die andererseits klar konturiert
ist« (ebd.: 45-46).

Mit dieser Konstruktion gelingt es den Forscherinnen zwar, den Umfang der Mittelschicht, der in anderen Studien fast 60 Prozent der Sozialstruktur
umfasst, einzugrenzen – im engen, auf die Qualifikation abhebenden Modell sind es 33 Prozent,
im weiten, auf das Einkommen bezogenen Modell
sind es 43 Prozent – und die ›untere Schicht‹ (52
bzw. 42 Prozent) nicht künstlich zu verkleinern.
Aber für ihr Verfahren zahlen sie einen Preis: Die
empirische Untersuchung mündet in Befunde, die
– wenngleich auf differenziertere Weise – das Mit-
telschichtbild der Gesellschaft als Realität ausgeben
und die sozialökonomischen Klassenverhältnisse aus
dem Blickfeld rücken.

Gustav von Schmoller *Reloaded*
Das Bild der gesellschaftlichen Mitte, das die hier
beispielhaft herangezogenen Studien vermitteln,

legt die böse Frage nahe, was an dem, was da seit 1897 fortschreitet, sich Erkenntnisfortschritt nennen ließe. Wie weit es die Soziologie in der Bestimmung der Klassen und Schichten seit der evangelischen Taufe des neuen Mittelstands gebracht hat, zeigt auf fast parodistische Weise ein 110 Jahre später aufgesetztes Dokument: 2007 lädt die Herbert-Quandt-Stiftung von ihr initiierte Forschungsprojekte zu einem »Lagebericht« über die »gesellschaftliche Mitte in Deutschland«. Das Geleitwort zum Report klingt wie eine Wiederaufführung der Mittelstands-Arie von 1897 – Gustav von Schmoller *reloaded*, gewürzt mit Modernisierungsrhetorik und einer Prise Philosophie:

»Im Blick auf die Rolle der Mitte im gesellschaftlichen Gesamtgefüge geht die Stiftung von der ebenso theoretisch fundierten wie historisch-empirisch erhärteten Einsicht aus, dass die gesellschaftliche Mitte für den *Zusammenhalt* und die *Prosperität* eines demokratisch verfassten Gemeinwesens zentral ist. Mit den Worten des Aristoteles: ›Offensichtlich ist also die auf die Mitte aufgebaute *Gemeinschaft* die beste, und solche Staaten haben eine gute Verfassung, in denen die Mitte stark und den Extremen überlegen ist‹. [...] Die Mitte steht einerseits für *In-*

novation und Dynamik, andererseits für *Stabilität und Dauer*. Sie ist sowohl *Stütze* als auch *Motor der Gesellschaft*, oder besser: Sie war dies in der *Vergangenheit* und kann es auch in *Zukunft* sein.« (Herbert-Quandt-Stiftung 2007: 7, Hervorh.: UK)

Was lehrt uns der ungetrennte Phrasenmüll? Ideologisch bleibt die leistungsorientierte, bewegliche Mittelschicht – oder was man dafür hält – der Kronzeuge für die motivierende Kraft der Ungleichheit. Zwar sorgt sich die neue Soziologie der Mitte, anders als die Neoklassik, die Ungleichheit als Motor des marktgetriebenen Fortschritts voraussetzt, um dessen Nebenfolgen und den gesellschaftlichen Zusammenhalt. Aber sie zeigt sich erst alarmiert, wenn soziale Probleme in die bislang gesicherten Zonen der arbeitnehmerischen Mitte vordringen und die Legitimationsprobleme des demokratischen Kapitalismus verschärfen. Während man auf der *Verteilungs*ebene die Einkommensmitte samt ihrem Angstpegel penibel vermisst, bleiben die kapitalistischen *Produktions*formen der Ungleichheit und damit die Grundlagen der Klassengesellschaft weitgehend im Dunkeln.[36] Stattdessen gilt Ungleichheit als unabhängige Variable einer Marktwirtschaft, die allenfalls sozialstaatlich einzuhegen ist.

Selbst wo eine moralisches Dilemma aufscheint, verengt sich der Blick auf den Imperativ des Nutzens. Das gilt auch für die Rolle des ›sozialen Zusammenhalts‹, der ohne die Mitte gefährdet wäre.[37] Die Ungleichheitsforschung adressiert ihre Erwartung »innerer Stabilität und Kohärenz« (Nachtwey 2016: 151) zumeist recht arglos an den demokratischen Kapitalismus und sorgt sich, wenn es an beidem mangelt, um dessen ideologische Bindungskraft: »Die von vielen Menschen wahrgenommenen Verwerfungen der Ungleichheit haben ihre Akzeptanz prekärer gemacht.« (Mau/Schöneck 2015: 11) Die Frage, ob die Ungleichheit selbst oder bloß deren Akzeptanz das Problem ist, das uns der Kapitalismus beschert hat, ist hier eindeutig beantwortet. Wenn die soziologische Deutung derart auf dem Bestehenden besteht, nimmt es kaum Wunder, dass im öffentlichen Diskurs die Unterschicht abgeschrieben ist und als Objekt kontrollierter Fürsorge gilt oder bestenfalls als Reservoir, aus dem sich der »Zustrom von Aufsteigern« (Burkhardt u.a. 2012: 7) speist. Der eigentlich sorgenvolle Blick bleibt auf die Mitte gerichtet: Als »Menschen, die das Land in Gang halten«, stellt das SPD-Debattenmagazin *Berliner Republik* (Heft 3/2016) sieben Gewährsleute dieser Mitte vor. Von ihnen sind fünf und damit gut 70 Prozent Selbständige oder leitende Manager – ihr Anteil an allen Erwerbstätigen beträgt 15 Prozent. Mit derartigen Zuschreibungen sendet die »Mittelschichtssozialdemokratie« (Misik 2017: 204) dem Rest der Lohnabhängigen und vor allem denen ›ganz unten‹ die Botschaft: *Ihr haltet das Land nicht einmal in Gang.*

Gleich ob die neue Soziologie der »Mittelschichtgesellschaft« die Klassen als Phantom, als belanglose Kategorie der vergleichenden Ungleichheitsforschung oder als *qualité négligeable* – vielleicht richtig, aber nicht so wichtig – behandelt: Man mag kaum urteilen, welche Form des Kleinredens fragwürdiger ist. Was aber, wenn der »Zustrom von Aufsteigern« versiegt, die Integrationserzählung zur bloßen Beschwörung der Marktkräfte verkommt und in der Mitte wie ›unten‹ gleichermaßen nicht mehr verfängt?

Wovon wir schweigen, wenn wir von der Mitte reden

»Nur wenn der einfache, brutale Tatbestand der Klassenscheidung in aller Kompliziertheit der Begriffe sich erhält, werden diese nicht zur schwindelhaften Ideologie.«

(Max Horkheimer 1945: 303)

Auf dem Höhepunkt der ersten weltweiten Krise des modernen Kapitalismus hatte Theodor Geiger 1932 »das Märchen von der Uniformität des Proletariats aufgegeben«, ohne deshalb die Existenz einer übergreifenden Klasse in Frage zu stellen. Für ihn war klar, »dass eine Gesellschaftsklasse auch hinsichtlich der klassentypischen Haltung ihrer Glieder – und *gerade* in dieser Hinsicht – in sich unendlich fein differenziert ist.« (Geiger 1932: 14)

Diese Herangehensweise des marxistisch orientierten Klassentheoretikers[38] erscheint mir den gegenwärtigen soziologischen Ausforschungen der Mitte überlegen. Für Gesellschaftsdeuter wie Bude ist die »soziale Spaltung« erst dann beunruhigend, wenn über die wachsende Kluft zwischen Reichen und Armen hinaus »die Nettoeinkommen der Mittelschichten stagnieren [...] und wenn sich in den Schichtzwischenräumen Gruppen bilden, die sich von der gesellschaftlichen Entwicklung abgehängt fühlen.« Die Mitte gilt hier als Garant eines sozialen Zusammenhalts, der unter den altvertrauten, »weithin akzeptierten Verhältnissen von oben und unten« (Bude 2015: 16) noch nicht als bedroht erschien. Der Gedanke unterschlägt, dass gerade dies alte *Oben und Unten* den Ausgangspunkt für die nun auch die Mitte verstörende Entwicklung bildete. Erst wenn sich der starre Blick von den Mittelschichten löst, lässt sich mit den Einsichten aus der Weimarer Republik die fortgeltende Klassengesellschaft in ihrer *Entwicklung bis heute* studieren und jenseits bloßer »Statistiken sozialer Ungleichheit« (Kahrs 2016) kartieren.

Die Mittelschichten in der Klassenstruktur: Offene Fragen ...

Das Bestehen auf dem Begriff der Klasse und auf Klassen*verhältnissen* ist keine semantische Rechthaberei. Die heute noch feiner differenzierte Klassenstruktur der industriellen Dienstleistungsgesellschaft erschließt sich nach wie vor nur über die kapitalistischen Produktionsverhältnisse, sonst bliebe ihre Dynamik unbegriffen. Die neuen Spaltungslinien sind mit denen des übergreifenden Klassengegensatzes nicht deckungsgleich, und dennoch sind die Lebenschancen der Betroffenen nach wie vor »klassenstrukturell ungleich verteilt« (Kronauer 2001: 442). Erst an ihrem Zusammenspiel ist genauer zu untersuchen, welche neuen Formen der Lohnarbeit die Zusammensetzung der Klassenfraktionen, deren Arbeitsbedingungen, Lebensweisen und soziale Beziehungen verändern und beeinflussen. Die weitere Arbeit an einer Klassenanalyse, die der Marx'schen Theorie verpflichtet bleibt, wäre ein notwendiger Schritt im Versuch, die Rolle der modernen lohnabhängigen Mittelklassen zu klären.[39] Gegenüber klassenreduktionistischen Vorstellungen ist daran zu erinnern, dass im Verhältnis von Arbeit und Kapital die gemeinsame ökonomische Klassenlage zwar den Raum der objektiven Interessen konstituiert, aber *nicht unmittelbar* das gesellschaftliche Bewusstsein oder gar das politisches Handeln bestimmt. Das Marx'sche Werk ist weder bloße »Zustandsliteratur«[40] noch Zensurenheft fürs »enorme Bewußtsein« (Marx 1858/1953: 366) noch gar eine Gebrauchsanleitung für konkrete Klassenbündnisse. Aber die genaue Kenntnis der Klassen*verhältnisse*, ihrer alten und neuen *inneren* Differenzierungslinien[41] bleibt eine Voraussetzung für die Bestimmung von Interessenlagen. Wie großzügig die soziologische Forschung die gesellschaftliche Mitte auch vermessen mag, in den Niederungen des Alltags gilt weiterhin, dass »eine Concierge, die einen Notar verachtet, ein eher seltenes Phänomen ist.« (Manotti 2006: 182).

Von den modernen Schichtungsmodellen[42] unterscheiden sich Klassentheorien vor allem darin, dass sie von Produktionsverhältnissen ausgehen, die den Entwicklungsgang der Gesellschaft zwar nicht ins Letzte prägen, aber die Mechanismen und Institutionen der Verteilung des gesellschaftlichen Reichtums bestimmen, aus denen klassenspezifische Lebenschancen resultieren. Das sozialökonomische *Ausbeutungs*-Kriterium, demzufolge die »materielle Wohlfahrt der einen Klasse [...] kausal von der materiellen Benachteiligung der anderen Klasse ab(hängt)« (Solga 2009: 28), bedeutet im Umkehrschluss, dass die so vielbeschworene Mitte im Innern nichts mehr zusammenhält. Denn auch in der Klassengesellschaft der Gegenwart mit ihren veränderten Beschäftigungsformen und Arbeitsbedingungen ist die *abhängig beschäftigte* Mehrheit dieser ›Mittelschichten‹ als Träger des gesamten kapitalistischen Reproduktionsprozesses zu begreifen und damit als Gegenpol zur längst weltweit operierenden herrschenden Klasse.[43]

... und vergessene Antworten

Die neuen Differenzierungslinien, die durch die Klasse der Lohnabhängigen gehen, erschweren unstrittig eine gemeinsame Interessenpolitik, sie haben dennoch einen kleinsten Nenner: der strukturell aufgenötigte, in den Inhalten und Formen vielfältige Kampf um gerechten Lohn, gute Arbeit und die soziale Absicherung der abhängig beschäftigten Klassen. Die im Kampf entstandenen Kräfte und Institutionen – zu denen Gewerkschaften, soziale Bewegungen und der moderne (Sozial-)Staat zählen – markieren das umkämpfte Terrain, auf dem soziale Konflikte auch die Herrschaftsstrukturen in Frage stellen. Unstrittig ist, dass mit dem Ende der *integrierenden* Klassengesellschaft (Dörre 2011: 133ff.) die lohnabhängigen Fraktionen in neuen Formen und auf neuen Ebenen (national wie transnational) gegeneinander ausgespielt werden. Aber auch diese Konkurrenz am Arbeitsmarkt – vor allem zwischen Stammbelegschaften und prekär beschäftigten oder scheinselbständigen Arbeitskräften – ist nur Ausdruck der zwar modernisierten, qualitativ jedoch keineswegs ›neuen‹ Produktionsverhältnisse, mit denen es die sozialen Bewegungen seit jeher zu tun hatten.

Dass sich heute die ökonomisch konstituierten Klassen mit den beruflichen, kulturellen und moralischen Milieus auf vielfältige Weise durchkreuzen, ist keineswegs so neu wie uns manche Analysen vorspiegeln. Zu erinnern ist daran, dass die Praxis der Solidarität schon immer über Normen und Werte vermittelt war. Auch in der ›alten‹, oft viel zu homogen gedachten Arbeiterklasse (vgl. Schmidt 2014; Thien 2014) entsprang solidarisches und politisch bewusstes Handeln nicht einfach der bloßen Gemeinsamkeit des Lohnarbeitsdaseins. Deren Verblassen wirft die Frage auf, ob das Leitbild der Solidarität, die in der Arbeiterbewegung an die Gerechtigkeitskonzepte des Kommunismus und des Sozialismus gebunden war, in der Reflexion der *heutigen* gesellschaftlichen Voraussetzungen zu überprüfen ist. Es könnte, statt auf individualistisch überzogene Ansprüche zu setzen, auch an den beruflichen Entfaltungsinteressen und reichen Beständen an Expertenwissen anschließen, die in den abhängig beschäftigten Mittelschichten – aber nicht nur dort – angesammelt sind.

Der Zugang zur Analyse schichtspezifischer Besonderheiten und übergreifender *Gemeinsamkeiten* von Interessen ist mit bloßen sozialstatistischen und Befindlichkeitsbefunden zur Mitte der

Gesellschaft nicht zu gewinnen. Die Trennlinien zwischen Arbeitern und der Mehrheit der Angestellten sind längst verblasst, ==weit wichtiger ist der differenzierende Blick auf die Rolle von Geschlecht und Milieus, auf Habitus und Lebensweisen, die von gegenwärtigen Veränderungen *und* von der Vergangenheit beeinflusst sind.==[44] Dabei können typische Interessenlagen sich ergänzen oder konkurrieren, solidarisches Handeln begünstigen oder erschweren. So wichtig für ihre Analyse die von Dörre (2011: 131ff.) beschriebenen »neuen sozialen Spaltungen und Klassenbeziehungen« sind, so ungenau erscheint mir der dafür in Anspruch genommene Begriff der »sekundären Ausbeutung« (ebd.: 119ff.). Er ist sogar irreführend, soweit er die strukturelle Beherrschung der prekär Beschäftigten und Geringverdienenden durch die vertraglich besser geschützten Arbeitskräfte suggeriert.[45] Die sozialen Grenzlinien und Interessenunterschiede innerhalb der Klasse der abhängig Beschäftigten lassen sich ohne die Annahme einer sekundären Ausbeutung entschlüsseln – und durch politische Praxis verändern.

Verbinden von Identitäts- und Klassenpolitik

Die Mitte als »Klasse des marxistischen Missvergnügens«?

Die meisten UngleichheitsforscherInnen, gleich ob sie die Klasse begrifflich noch dulden oder endgültig abschaffen, behandeln die Mitte als »eine soziale Klasse marxistischen Missvergnügens« (Vogel 2009: 32). Nicht zufällig beruft sich der Botschafter dieses Missvergnügens auf Geigers Schmelztiegel-Thesen von 1949 und nicht auf die gründliche Studie von 1932. Doch selbst dies Vergnügen am marxistischen Missvergnügen beruht auf einer Täuschung. Berthold Vogel, der Entdecker der »sozialen Fragen, die aus der Mitte kommen«, missachtet in seiner Studie *Wohlstandskonflikte* die wesentlichen Unterschiede der sozialökonomischen Stellung, wenn er im historischen Rückblick Geiger bemüht und behauptet: »Gerade die sogenannten Kleinbürger, die *Angestellten* und *Staatsbediensteten*, die *Krämer und Einzelhändler*, widersetzten sich aufgrund ihrer unklaren Klassenlage [...] allen antagonistischen Ordnungsversuchen.« (ebd.: 32, Hervorh. U.K) Seine Auskunft unterschlägt, dass Geiger selbst in seiner ›Schmelztiegel‹-Diagnose von 1949 auf der entscheidenden Differenz zwischen ›altem‹ Mittelstand und

›neuen‹ Mittelschichten bestanden und nicht verlernt hatte, in Widersprüchen und Ungleichzeitigkeiten zu denken. Den Fall der *neuen* Mittelschichten – nicht des *alten* ›Mittelstands‹ – deutete er als »Paradox der Gesellschaftsgeschichte: eine Klasse leugnet mit Entrüstung, Klasse zu sein, und führt einen erbitterten Klassenkampf gegen Wirklichkeit und Idee des Klassenkampfs« (Geiger 1949: 168). Was die noch heute misshandelte These vom »Extremismus der Mitte« betrifft, so hielt er an der Erkenntnis fest: »Aus völlig verschiedenen – zum Teil geradezu *entgegengesetzten* – Beweggründen nähren [...] die gewerbliche Mittelschicht [wie auch] große Teile der Angestelltenschicht Widerwillen gegen das Klassenkampfmodell als solches« (Ebd: 167; Hervorh.: U.K). Wer ausgerechnet Geiger zum Kronzeugen des marxistischen Missvergnügens bestellt und wider dessen Absichten für das eigene Bild einer breiten, von der Angestellten bis zum Einzelhändler reichenden Mitte einspannt, bezahlt das Vergnügen am Verschwinden der Klassenfrage mit dem Rückfall hinter die Weimarer Erkenntnisse.

Diejenigen, die in der blassen Sprache der Ungleichheit dies Verschwinden fördern, halten sich nicht einmal an einen Gedanken von Paul Nolte. Der historische Kenner des Klassenbegriffs – den er für die Gegenwart dennoch sorgsam meidet – vermerkt, dass die »ökonomischen Krisen der letzten zehn Jahre […] das Sensorium für die Macht der Sozialökonomie wieder gestärkt« haben (Nolte 2015: 204). Diese Erkenntnis hat im soziologischen Nachdenken über die inneren Verschiebungen in der Klasse der Lohnabhängigen bislang wenig bewirkt. Vorherrschend bleibt das Bild einer bloß empirisch vermessenen, als »Identitätsmarker«[46] missbrauchten Mittelschicht, die kulturell und moralisch gegen die Unterschicht in Stellung gebracht wird. Die herbeigeforschte Mentalitätskluft zwischen Antriebsschwachen und Leistungsstarken ersetzt das Klassenverhältnis von Arbeit und Kapital. Die breite Mittelschicht beglaubigt die motivierende Kraft der Ungleichheit, weil hier die *Erziehung der Marktgefühle* geglückt erscheint. Gerade deshalb prägt die Sorge, dass diese Karte für die Mitte nicht mehr wie gewohnt sticht, die gegenwärtige Debatte weit stärker als die übergreifende Sorge um die wachsende Ungleichheit und deren Ursachen.

Die hier vorgetragene Kritik an einer begriffslosen Soziologie der Mitte[47] verweist auf ein ganz anderes Verhältnis von Theorie, empirischer Analyse und politischer Aufklärung. Siegfried Kracauers Blick, der die Verhältnisse durchdrang, ohne die Menschen herabzusetzen, die sie personifizieren, stünde den heutigen Sozialwissenschaften gut an; er zielte auf die »Durchleuchtung unserer gesellschaftlichen Strukturen zu politischen und moralischen Zwecken« (Kracauer 1931). Jene, die das Bestehende nur in moderner Form bewahren wollen, warnte er davor, sich in Deutungsmuster zu verflüchtigen, »die zuletzt doch der bestehenden Gesellschaft zugute kommen. Seine Wächter wären in diesem Fall Schlafmützen und ihre Synthesen selber Ideologien.« (Kracauer 1929/1990: 151). Der neuen Schlafmützigkeit ist erst abzuhelfen, wenn es gelingt, die sozialökonomische Basis der modernen Klassengesellschaft in ihren längst die nationalen Grenzen überschreitenden Veränderungen zu erfassen.[48] Die Arbeit daran schließt den Gebrauch neuer, vermittelnder Kategorien ein, will man die historisch-politischen und kulturellen, geschlechts- und berufstypischen Ausprägungen der konkreten Klassenverhältnisse und die Milieus, die sich zum Teil dramatisch unterscheiden, begreifen und politisch einschätzen. Das ist dringend geboten, um genaueren Aufschluss über das rechts-populistische, allem Fremden feindliche Potenzial in den europäischen Ländern zu erhalten.[49] Auch hier kann die Lektüre der Weimarer Soziologen helfen, in der Gegenwart die ›ideologischen Äquivalente‹ zu jenen Ängsten und rückwärtsgewandten Hoffnungen zu entschlüsseln, die vor 1933 diskutiert wurden. Man würde fündig werden.

Am Ende der Weimarer Republik kritisieren Geiger, Speier und Kracauer die Unfähigkeit der beiden Arbeiterparteien, den lohnabhängigen Mittelschichten in der Krise des Systems eine Perspektive anzubieten.[50] Die KPD stehe »im Banne einer ausgeleierten, teilweise überalterten Terminologie« und entwerte die lohnabhängigen Mittelschichten »bestenfalls zur Nachhut des Proletariats« (Kracauer 1933b/1990: 246, 249f.). Die SPD diene sich opportunistisch den mittelständischen und volksgemeinschaftlichen Sehnsüchten an. Bitter ironisch zeichnet Kracauer in seinem Schlüsselroman *Georg* (1933/2004) das Spektrum der hilflosen geistigen und politischen Haltungen zum Kapitalismus in der Krise nach. Sie lassen sich, nach der je neuesten Mode kostümiert, auch heute wieder in den maßgeblichen Organen des Zeitgeists entdecken. Ihr gemeinsamer Nenner bleibt die Illusion eines Endes von Klassengegensätzen.

Nach wie vor gilt, dass der demokratische Kapitalismus in seinen Krisen auch die Gegenkräfte hervorbringt, die ihre Profiteure das Fürchten lehren.

Allerdings hat die diskret herrschende Elite samt ihrem Beratungspersonal[51] wenig zu fürchten, solange es ihr gelingt, der angestellten Krankenpflegerin wie dem schlaflosen Projektarbeiter der Gig-Economy[52] ein Mitte-*Dabei*-Sein vorzuspiegeln und die Lehrerfamilie mit Eigenheim für das Steuervermeidungsinteresse der Plutokraten einzuspannen.[53] Auf die politisch bequeme Selbsttäuschung dieser Mitte kann die Bourgeoisie der Gegenwart zumindest so lange zählen, wie ihr auf dem Feld der Begriffspolitik die Betreiber der Ungleichheitsforschung und der Themensalons zur Hand gehen. Sie verharren auf einer Schwundstufe der Wirklichkeitserkundung, die Kracauer zum Ende der Weimarer Republik an seinen *Angestellten* diagnostiziert hatte: Deren Mehrheit bleibe »ohne ein Ziel, das sie erfragen könnte. Also lebt sie in Furcht davor, aufzublicken und sich bis zum Ende durchzufragen« (1930: 117). Nicht das Fehlen schlüssiger Antworten ist heute beklagenswert, sondern der fehlende Willen zum Durchfragen. —> *Ideologie / falsches Bewusstsein ?*

Die vorherrschende Rhetorik der Ungleichheit lebt von der empirischen Zerstückelung einer sozialen Realität, die in Allerweltsbegriffen naturalisiert und dennoch künstlich zusammengefügt ist. In ihr ist die Mitte der überwölbende Mythos, der das Bild der Gesellschaft und deren getrübte Rationalität im Begriff beschönigt. Den Vernunfttraum einer sozialen Emanzipation stellen die Ideologen der Mitte unter Ideologieverdacht; sie gleichen der Figur des ratlosen Intellektuellen, der »nichts tun kann, weil schon sein Denken nichts tut« (Kracauer 1931a/1990: 353). Dies Nichtstun mag auf den ersten Blick harmlos erscheinen. Machte sich jedoch die Phrase von der Mitte zur Tat auf, könnte sie wieder leicht bei der *Volksgemeinschaft* anlangen.

Der Versuch, in dieser Lage den *Klassenverhältnissen* und ihrem Wandel nachzuspüren, schließt die Arbeit am Begriff ein. Das ist auch politisch geboten, will man die identitäre Beschwörung von Volk, Heimat und Nation bekämpfen[54] und zugleich der bloß vermeintlichen Gegenrede von »Mitte und Maß«, die derzeit den demokratischen Diskurs beherrscht, eine andere Deutung der gesellschaftlichen Verhältnisse entgegensetzen. Die Wiederaufnahme der Klassenfrage verspricht weder rasche noch abschließende Antworten und schon gar keine, die andere Einflusskräfte und Konfliktlinien missachten.[55] Soll jedoch der Zusammenhang von kritischer Theorie und eingreifender Praxis gewahrt werden, ist dieser mühsame Weg zu gehen. Wer ihn nicht nimmt, verzichtet gleich zweifach:

auf ein genaueres Bild der Wirklichkeit und auf
das Nachdenken über die vernünftige Einrichtung
einer Gesellschaft, in der »die freie Entwicklung
eines jeden Bedingung für die freie Entwicklung
aller ist« (Marx/Engels 1848/1977: 482).

· Klassenverhältnisse als
Ausgang von Politik und
Analyse

· Unten vs. Oben

· Klassenpolitik, Interessen-
lage verbinden mit aus-
differenzierten Identitäten

→ Klassenpolitik +
Identitätspolitik
NICHT gegeneinander
ausspielen!

Anmerkungen

1   Ausführlicher zur politischen und sozialen Begründung von *Mitte und Maß* siehe Münkler (2010a). Der Autor spekuliert noch mit einer dritten Dimension der Mitte: Es falle »das soziopolitische Scheitern an den Aufgaben der Mitte und das geopolitische Scheitern an der Mitte fast immer zusammen« Münkler (2016a: 3). Dieser kühne Gedanke, der den Bewohnern von Küstenstaaten das »Scheitern an der Mitte« erspart, bleibt hier außer Betracht.

2   Definitionen und Annäherungen an die Mitte bieten an: Vogel (2009: 21ff.); Mau (2012: 13ff.); Koppetsch (2013: Teil 1); Müller (2013: 7ff.); Bude (2014: 60ff.); Burzan et al. (2014: 17ff.); Marg (2014: 36ff.); Nachtwey (2016: 147ff.).

3   Die Alarm-Attribute stammen aus Texten des Jahres 2016 in der *Süddeutschen Zeitung*, FAZ, ZEIT, NZZ und taz.

4   Die Vereinnahmungswut der Mitte verschont nichts und niemanden: So ernennt ein Feuilletonist Bruce Springsteen zum *Meisterprediger der Mittelschicht* (Forster 2016), wogegen der Rockmusiker der *working class* ungeachtet seiner Tantiemen beharrlich ansingt.

5   Vgl. dazu vor allem Geiger (1930; 1932); Speier (1977: Kap. X-XIV); Kracauer (1933a/1990); Lipset (1960); Kadritzke (1975: 343ff.); Kocka (1977: 49ff., 296ff.).

6   Zur politischen Rolle und Phraseologie des Begriffs vgl. Lessenich (2006).

7   Vgl. Grieß 2016. Selbst von den Personen mit einem Haushaltsnettoeinkommen unter 1.000 Euro ordnen sich noch mehr als ein Drittel der Mittelschicht zu.

8   Die Befunde kritisiert Wagner (2012) in seinem methodenkritischen Kommentar zur *Inflation der Mittelschicht-Begriffe*: »Zählt man jemanden zur Mitte zugehörig, wenn er gleichzeitig in der Mitte der Verteilungen von Ausbildung, Beruf und Einkommen liegt, dann schrumpft die Mitte in Deutschland überhaupt nicht.«

9   Den Einfluss sozialwissenschaftlicher Forschung auf die öffentliche Deutung am Beispiel des *Great British Class Survey* zeigt Harper-Scott (2013).

10 Im Folgenden sind die Begriffe *Mitte, neuer Mittelstand, Mittelschicht* und *Mittelklasse* trotz der kritisierten Unschärfe nicht zu vermeiden. Soweit nicht anders vermerkt, ist bei den hier verhandelten Mittelschichten das Attribut *abhängig beschäftigt* mitzudenken.

11 Speiers Studie wurde 1933 in Deutschland nicht mehr veröffentlicht; dies geschah, angeregt von Jürgen Kocka und vom Autor um aktuelle Anmerkungen ergänzt, erst 1977.

12 Mein Rückblick behandelt *ausgewählte* Studien über die lohnabhängigen Mittelschichten. Die schon in der Weimarer Zeit entwickelte Delegationstheorie von Fritz Croner (1954), der die Angestellten vor allem als Funktionäre der Unternehmensleitung deutet, bleibt außer Betracht. Emil Lederer wird nicht eigens gewürdigt; er stellte mit Jakob Marschak den Begriff des neuen Mittelstands als »immer weniger zutreffend« (Lederer/Marschak 1926: 141) in Frage, bezog jedoch erst unter dem Eindruck der Wirtschaftskrise die Angestellten in die Lohnarbeiterklasse ein (vgl. Lederer 1928). Die Geschichte der Angestelltensoziologie resümiert eingehend Schmidt (2016).

13 Die Deutungskämpfe spiegeln sich in den Titeln wider: *Das zweite Proletariat* (Schmidt-Leonhardt 1920); *Die Angestellten als Stand und Klasse* (Süssengut 1927); *Die Umschichtung des Proletariats* (Lederer 1928); *Der Mittelstand in der kapitalistischen Gesellschaft* (Grünberg 1932). Zur Kritik der modernen Schichtungstheorien vgl. Ritsert (1998).

14 Die im letzten Abschnitt des 3. Bandes von *Das Kapital* (Marx 1894/1967) benannte Revenuequelle der Grundeigentümerklasse ist hier vernachlässigt. Die *Resultate* (Marx 1863-1865/1968) mit den vertieften Überlegungen zum ›kombinierten Arbeitsvermögen‹ waren den Weimarer So-

ziologen noch nicht bekannt; ihre Lektüre hätte sie in der Begründung einer weiter gefassten, in sich differenzierten Lohnarbeiterklasse vermutlich bestärkt.

15 Geigers Klassenverständnis wird hier vor allem anhand der Studie von 1932 belegt. Eine konzentrierte, andere Positionen scharfsinnig kritisierende Theorie und Darstellung der deutschen Klassengesellschaft veröffentlichte er zuvor in Schmollers Jahrbuch (Geiger 1930/1962). Sein Begriff der »Mentalitäten«, verstanden als »bewegende Kräfte in der Entwicklung des Wirtschaftslebens« (Geiger 1932: 4) kann als Vorläufer der von Bourdieu (1982; 1983) entwickelten Kategorien gelten; auch vom Habitus ist schon die Rede (Geiger 1932: 13).

16 Zum Vergleich: »Nach ihrer sozialen Herkunft stellen sich [...] die deutschen Angestellten der Jahrhundertwende als deutlicher ›nach unten‹ abgegrenzte Schicht dar als ihre amerikanischen Kollegen zur selben Zeit.« (Kocka 1977: 307)

17 Ein wesentliches ständisches Element, das sich bis heute hält: Interessenpolitisch starke, früher durchweg selbständige Berufsgruppen (neben dem Handwerk und Bauern vor allem Ärzte, Anwälte, Architekten) regeln ihre beruflichen und materiellen Interessen in staatlich legitimierten Kammern.

18 »[...] streng genommen *ist* es nicht ›ein Stand‹, sondern in ihm leben die alten Berufsstände fort; es wäre also wohl genauer gewesen, von Ständen der Mitte oder von einer ständischen Mittelschicht zu sprechen.« (Geiger 1932: 125)

19 Auch unter methodischen Gesichtspunkten ist Geigers Kritik an einer begrifflich naiven Konstruktion der Mitte aktuell, wenn er zu den sozialstatistischen Analysen vermerkt, dass häufig »der Autor unterwegs vergessen hat, *was* er zahlenmäßig fixiert« (Geiger 1932: 13). Das trifft auf viele der gegenwärtigen SOEP-Studien zu, so interessant ihre empirischen Befunde im Einzelnen sein mögen.

20 Von den hier genannten ›Weimarer‹ Soziologen ist Carl
    Dreyfuss am wenigsten bekannt. Sein Freund Theodor W.
    Adorno beschrieb ihn als »Philosoph von Fach, Großindu-
    strieller von Beruf und aus Zwang, und Literat nach Nei-
    gung« (Stern 2005: 59). Nach Errichtung der NS-Diktatur
    versteckte die Schauspielerin Marianne Hoppe ihren jüdi-
    schen Freund zeitweilig in ihrer Dahlemer Wohnung. 1935
    flüchtete Carl Dreyfuss nach London, wo er in Armut leb-
    te. 1938 emigrierte er nach Argentinien, kehrte erst 1962
    nach Deutschland zurück und starb 1969. Vgl. dazu Stern
    (2005: 58ff., 109ff.). Die Angestelltenstudie von Dreyfuss
    würdigt Schmidt (2016: 43ff.).

21 Kracauer (1963: 61). Den Bücherverbrennungen durch NS-
    Studenten am 10. Mai 1933 fiel in München, Nürnberg,
    Königsberg und Leipzig auch Kracauers Angestelltenstudie
    zum Opfer.

22 Zur Aushöhlung des Leistungsprinzips durch das des markt-
    bezogenen Erfolgs vgl. Neckel (2015).

23 Die relativen Anteile der (1) Arbeiter, (2) angestellten und
    beamteten Beschäftigten und (3) Selbständigen an der Ge-
    samtheit der Erwerbstätigen haben sich zwischen 1925 und
    1950 nicht wesentlich verschoben, wie ein Vergleich der
    sozialstatistischen Daten von 1925 (Speier 1977: 161, Tab.
    23) und 1950 (Statistisches Bundesamt 2006: 94, Abb. 5)
    belegt.

24 Selbst Geigers ›revisionistische‹ Studie von 1949 lässt sich
    nicht einfach für die übliche Marx-Kritik reklamieren. Vor
    allem hält er daran fest, dass die Vereinigung von altem
    Mittelstand und ›neuer Mittelschicht‹ herrschaftsideolo-
    gischen Zwecken dient.

25 Noch Ende 1949 war für knapp zwei Drittel der Menschen
    in der US-Zone »der deutsche Nationalsozialismus [...]
    eine gute, nur leider schlecht umgesetzte Idee« (Gerhardt
    1999: 62).

26 Die standeslastige Übersetzung von Mills' Studie erschien ausgerechnet im gewerkschaftlichen Bund-Verlag. Die wesentlichen Unterschiede zwischen Deutschland und den USA in Bezug auf die *middle class* belegt Kocka (1977: 296ff.).

27 Die historischen und ökonomischen Bedingungen dieses ›Wunders‹ erläutert Abelshauser (2011: 59ff.).

28 Vgl. Fußnote 2. Hier können nicht alle empirischen Ungleichheitsstudien aufgezählt werden. Unter ihnen sind theoretisch und klassenpolitisch am ergiebigsten die Beiträge von Groh-Samberg (2009), Dörre (2011) und Koch (2011).

29 Die einzelnen Beiträge in diesem Band sind dennoch lesenswert, weil zu jedem Thema zwei Positionen zum Zuge kommen.

30 Die Fähigkeit des geschmeidigen Denkens zeigt sich darin, dass derselbe Autor noch einige Jahre zuvor die Figur des ›unternehmerischen Einzelnen‹ zum gesellschaftlichen Leitbild ausgerufen hatte (vgl. Bude 2001: 12-17).

31 Selbst in neuen Branchen mit ihren nur scheinbar neuen Beschäftigungsformen verrichten die ›freie‹ *crowdworkerin* und der fest angestellte Informatiker Lohnarbeit (vgl. Dörre 2011: 137ff.; Boes u.a. 2016). Auch dort sind ökonomische Ausbeutung und betriebliche Herrschaft die Mittel der Kapitalverwertung.

32 Ähnlich schon Geigers brieflicher Rat an Speier im August 1933: »Man kann auf den Terminus *Klasse* nicht ganz verzichten. Die Leute hören ihn aber nicht gern. Mir scheint, daß man an vielen Stellen statt seiner *Schicht* sagen könnte.« (Speier 1977: 165, Hervorh.: U.K.) Die politischen Umstände dieses taktischen Rats von 1933 sind mit zu bedenken – heute verzichten viele SoziologInnen in aller Freiheit auf den Klassenbegriff.

33 Zuzustimmen ist hingegen Maus Kritik an der ›neuen Bürgerlichkeit‹ und deren vor allem »in der Mittelschicht verbreiteten Wertehorizont« (Mau 2012: 30).

34 Ähnlich die neuesten Befunde von Lengfeld/Ordemann (2016).

35 Berufs- und sozialstatistische Analysen stützen sich zumeist auf das von Erikson, Goldthorpe und Portocarero entwickelte Schema. Hier sind in den Dienstleistungs-Klassen I und II neben den abhängig Beschäftigten auch Selbständige enthalten, die ansonsten den Klassen IVa-c zugeordnet sind (vgl. Brauns u.a. 2000: 23). Realistischer bildet Koch (2011), der sich auf ILO-Datensätze stützt, die wichtigsten Unterschiede ab: die zwischen Unternehmern, Selbständigen ohne Angestellte und abhängig Beschäftigten, Frauen und Männern, Wirtschaftsbranchen sowie (im tertiären Sektor) zwischen Waren-, Finanz- und sozialen Dienstleistungen.

36 Nicht zufällig ist die Verteilung der Vermögen empirisch weniger erforscht als die der Einkommen, obwohl sie den Akkumulationsprozess des Kapitals weit genauer widerspiegelt: So haben drei Viertel der Deutschen geringere Vermögen als der Durchschnittswert. Das oberste Zehntel der Bevölkerung verfügt über mehr als 60 Prozent, die reichsten 5 Prozent über 46 Prozent des gesamten deutschen Nettovermögens; das eine Prozent an der Spitze hält einen Anteil von 23 Prozent (Frick/Grabka 2009). Das Ausmaß der Vermögenskonzentration beunruhigt selbst die Deutsche Bundesbank (2016).

37 Zutreffend verweist Nachtwey in seiner Studie *Die Abstiegsgesellschaft* (2016) auf gebrochene Aufstiegsversprechen und einen neuen »demokratischen Klassenkonflikt« (ebd.: 13); gegen die »regressive Modernisierung« setzt er das Leitbild einer »solidarischen Moderne« (ebd.: 233). Aber auch sein Titel zielt vor allem auf die Ängste in der Mitte – die niemals Aufgestiegenen können ja nicht gemeint sein.

38 Geiger (1930/1962: 210) weist den gegen Marx erhobenen Vorwurf einer mechanistischen Klassentheorie zurück. Er werde »vom einzelwissenschaftlich denkenden Beurteiler

hineingelesen, weil er den komplexen sozialökonomischen Gedanken [...] in einen rein soziologischen und einen rein ökonomischen auflöst«.

39 Das würde den Rahmen dieses Beitrags sprengen. Die Frage der Mittelklassen/-schichten behandeln u.a. die Studien von Mauke (1970); Poulantzas (1975); Wright (1985, 1985a); Koch (1994, 2011); Dörre (2011); Vester (2017a); Milios/Economakis (2014). Eine Übersicht über den Stand der an Marx anschließenden Klassendiskussion bieten die Beiträge im Themenband von Thien (2011) und im Themenheft *Klassentheorien* (Prokla 175/2014).

40 Im Sinne Kracauers, der die Schwäche einer sozialkritischen »Zustandsliteratur« an Heinrich Manns Roman *Die große Sache* darlegt. Daran anschließend kritisiert er auch allzu mechanische Vorstellungen zum Verhältnis von Sein und Bewusstsein im marxistischen Diskurs, die ihm als »epigonale Vergröberung der ursprünglichen Lehre« gelten: »In der Absicht, die ›Zustände‹ zu bessern, werden so die Menschen als Produzenten der Zustände ausgeschaltet.« (Kracauer 1930/1990: 251)

41 Becker (2011: 34) unterscheidet zwischen »relationalen Klassen« (Lohnarbeiter-Kapital) und »aggregierten sozialen Klassen« (nach Berufen etc.). Ich halte die Untergliederung nach (relationalen sozialökonomischen) *Klassen* und (aggregierten) sozialen *Schichten* im Sinne Geigers für sinnvoller; das ist aber eine offene und keine Glaubensfrage.

42 Geiger fasst seinen unter den Zeitumständen von 1932 gewählten Begriff der sozialen Schichtung als *Oberbegriff* der historisch-spezifischen Klassen im Kapitalismus, während der nach 1945 aus der US-amerikanischen Soziologie übernommene Schichtbegriff den der Klasse *ersetzt*.

43 Vgl. Sklair (2001), der zeigt, wie ökonomische und politische Eliten interessenpolitisch kooperieren, ohne ineinander aufzugehen.

44 In Bezug auf die *Geschlechterverhältnisse* (Haug 2001; Klinger u.a. 2007), den *Habitus* samt der »feinen Unterschiede« (Bourdieu 1982) und die *milieuspezifische Lebensführung* (Vester 2017a). Dasselbe gilt für historische und nationale Besonderheiten sowie für ethnische Zuschreibungen, die Einfluss auf die Klassenverhältnisse, politischen Strukturen und Institutionen ausüben.

45 Womit eine Mitverantwortung der Gewerkschaften an dieser Entwicklung nicht bestritten werden soll. Dörre kann sich im übrigen schwerlich auf Marx' Begriff (MEW 25: 623) berufen, denn dort ist von der »sekundären Ausbeutung« der Arbeiterklasse in der Konsumsphäre durch die Preistreiberei von Hausvermietern und Kleinhändlern die Rede.

46 Solche »Marker« bringen Münkler/Münkler (2016: 285ff.) gleichsam als ›Fleißpunkte‹ für nach Deutschland Geflohene ins Spiel. Darin spiegelt sich die normative Welt der Mitte: »Bereitschaft zur Selbstsorge«, »Leistungswillen in Bezug auf die Gesellschaft« und die Überzeugung, dass man »durch eigene Anstrengungen einen gewissen Aufstieg erreichen kann«.

47 Ausdrücklich ist einzuräumen, dass Burzan u.a. (2014), Koppetsch (2013), Mau (2012), Nachtwey (2016) und Vogel (2009) wichtige Seiten der veränderten Gesellschaftsstruktur empirisch sorgfältig darlegen. An ihrem begrifflichen und damit auch politischen Umgang mit der Mitte zeigt sich jedoch, dass die Missachtung der Klassenfrage den Ertrag ihrer Erkenntnisse schmälert.

48 Vgl. dazu die Übersichten von Koch (1994), Klinger u.a. (2007) und Vester (2017a).

49 Solange z.B. die sozialökonomische Stellung der AfD-Wählerschaft nicht erfasst ist, bleibt ungeklärt, welche Programmpunkte der AfD (wirtschaftsliberal-marktradikale, nationalliberale und wert-konservative) auf welche Klassen

und Schichten zielen – und sich zugleich widersprechen. Analysen dazu und Gedanken zum politischen Umgang mit der AfD haben Friedrich (2017) und Vester (2017b) vorgelegt. Auch in Beiträgen des Textbands *Die große Regression* (Geiselberger 2017, insbesondere bei Fraser und Misik) ist die Notwendigkeit hervorgehoben, die kulturellen, sozialen und politischen Gräben zwischen ›Unten‹ und der lohnabhängigen Mitte zu überwinden.

50 Vgl. dazu vor allem Geiger (1930, 1932: 109ff.); Speier (1977: 110ff.) und Kracauer (1931b/1990, 1933a,b/1990).

51 Vgl. die Darstellung der gegenwärtigen Bourgeoisie bei Wienold (2011). Die enge Verflechtung von wirtschaftlichen und politischen Eliten zeigt Hartmann (2007; 2013).

52 In der digitalen Welt der Gig-Economy arbeitet die Mehrheit fremdbestimmt ›selbständig‹. Vgl. Boes/Kämpf/Lühr (2016), Crary (2014) und Kreye (2017).

53 Zum neuen Armuts- und Reichtumsbericht der Bundesregierung merkt Butterwegge (2017) an: »Konzernerben wie Quandt und Klatten würden sich halb totlachen, wenn man ihnen mitteilte, dass die Bundesregierung einen alleinstehenden Studienrat wegen seines Gehalts für reich erklärt. So wird der wahre Reichtum, der sich immer stärker bei wenigen Unternehmerfamilien konzentriert, verschleiert und relativiert.«

54 In diesem Sinne warnt Seeßlen (2017) vor dem fahrlässigen Gebrauch rechtspopulistischer Begriffe.

55 Louis (2017) verdeutlicht die aus der »Diffusion des Klassenkonflikts« (Kocka 2017: 150) herrührenden politischen Probleme am französischen Beispiel: »Wer sagt, man spreche zu viel von den Schwulen, den Flüchtlingen und den Frauen und zu wenig von den Arbeitern, […] betreibt im Grunde das Geschäft des Front National. […] Außerdem sind Armut, soziale Isolation und Geschlechterfragen doch untrennbar miteinander verbunden.«

Literaturverzeichnis

Abelshauser, Werner (2011): Deutsche Wirtschaftsgeschichte. Von 1945 bis in die Gegenwart. München.

Aly, Götz (2015): Volk ohne Mitte: Die Deutschen zwischen Freiheitsangst und Kollektivismus. Frankfurt/M.

Aspers, Patrik / Beckert, Jens (2008): Märkte. In: Maurer, Andrea (Hg.): Handbuch der Wirtschaftssoziologie. Wiesbaden: 225-246.

Baron, Christian (2014): Klasse und Klassismus. In: PROKLA 175: 225-235.

Baudrillard, Jean (1979/2015): Die Konsumgesellschaft – Ihre Mythen, ihre Strukturen. Wiesbaden.

Beaud, Stéphane / Pialoux, Michel (2004): Die verlorene Zukunft der Arbeiter. Die Peugeot-Werke von Sochaux-Montbéliard. Konstanz.

Becker, Uwe (2011): Zum Status der Klassentheorie und der klassentheoretisch fundierten Politikanalyse – heute. In: Thien, Hans-Günter (Hg.) (2011): Klassen im Postfordismus. Münster: 23-45.

Boes, Andreas / Kämpf, Tobias / Lühr, Thomas (2016): Neue Mittelschichten unter Druck. Die Erosion des »Expertenmodus« als Organisationsform hochqualifizierter Expertenarbeit. In: Haipeter, Thomas (Hg.): Angestellte Revisited. Wiesbaden: 131-155.

Bourdieu, Pierre (1982): Die feinen Unterschiede. Kritik der gesellschaftlichen Urteilskraft. Frankfurt/M.

– (1983): Ökonomisches Kapital, kulturelles Kapital, soziales Kapital. In: Kreckel, Reinhard (Hg.): Soziale Ungleichheiten. Göttingen: 183-198.

Brauns, Hildegard / Steinmann, Susanne / Haun, Dietmar (2000): Die Konstruktion des Klassenschemas nach Erikson, Goldthorpe und Portocarero (EGP) am Beispiel nationaler

Datenquellen aus Deutschland, Großbritannien und Frankreich. In: ZUMA-Nachrichten 436, Jg. 24: 7-63.

Bude, Heinz (2001): Leitfiguren im Widerstreit. In: Mitbestimmung 6/2001: 12-17.

– (2014): Gesellschaft der Angst. Hamburg.

– (2015): Brennpunkte sozialer Spaltung. In: Mau, Steffen / Schöneck, Nadine M. (Hg.): (Un-)Gerechte (Un-)Gleichheiten. Berlin: 16-26.

Burkhardt, Christoph u.a. (2013): Mittelschicht unter Druck? Gütersloh.

Burzan, Nicole / Kohrs, Silke / Küsters, Ivonne (2014): Die Mitte der Gesellschaft: Sicherer als erwartet? Weinheim-Basel.

Butterwegge, Christoph (2017): Dreifache Spaltung, einfach vertuscht. In: taz, 9.4.2017.

Crary, Jonathan (2014): 24/7. Schlaflos im Spätkapitalismus. Berlin.

Decker, Oliver / Kiess, Johannes / Brähler, Elmar (Hg.) (2016): Die enthemmte Mitte. Autoritäre und rechtsextreme Einstellung in Deutschland. Gießen.

Deutsche Bundesbank (2016): Vermögen und Finanzen privater Haushalte in Deutschland. Ergebnisse der Vermögensbefragung 2014. In: Monatsbericht März: 61-86.

Dörre, Klaus (2011): Landnahme und soziale Klassen. Zur Relevanz sekundärer Ausbeutung. In: Thien, Hans-Günter (Hg.): Klassen im Postfordismus. Münster: 113-151.

Dreyfuss, Carl (1933): Beruf und Ideologie der Angestellten. München.

Forster, Karl (2016): Meisterprediger der Mittelschicht. In: Süddeutsche Zeitung, 20.6.2016.

Fraser, Nancy (2017): Vom Regen des progressiven Neoliberalismus in die Traufe des reaktionären Populismus. In: Geiselberger, Heinrich (Hg.): Die große Regression. Berlin: 77-91.

Frick, Joachim R. / Grabka, Markus M. (2009): Gestiegene Vermögensungleichheit in Deutschland. In: DIW-Wochenbericht Nr. 4: 54-67.

Friedrich, Otto A. (1959): Das Leitbild des Unternehmers wandelt sich. Stuttgart.

Friedrich, Sebastian (2017): Die AfD. Hintergründe – Analysen – Kontroversen (Politik aktuell 5). Berlin.

Geiger, Theodor (1930): Panik im Mittelstand: In: Die Arbeit, 7. Jg.: 637-654.

—   (1930/1962): Zur Theorie des Klassenbegriffs und der proletarischen Klasse (Aus: Schmollers Jahrbuch für Gesetzgebung, Verwaltung und Volkswirtschaft, Band 54, Berlin 1930: 185-236). In: Arbeiten zur Soziologie. Neuwied 1962: 206-259.

—   (1932): Die soziale Schichtung des deutschen Volkes. Stuttgart.

—   (1949): Die Klassengesellschaft im Schmelztiegel. Köln und Hagen.

Geiselberger, Heinrich (Hg.) (2017): Die große Regression. Eine internationale Debatte über die geistige Situation der Zeit. Berlin.

Geißler, Rainer (2014): Die Sozialstruktur Deutschlands (7. Aufl.). Wiesbaden.

Gerhardt, Uta (1999): Wandlungen der Sozialstruktur in Westdeutschland 1945-1949. In: Glatzer, Wolfgang / Ostner, Ilona (Hg.): Deutschland im Wandel. Sozialstrukturelle Analysen. Opladen: 49-64.

Grabka, Markus M. / Frick, Joachim R. (2008): Schrumpfende Mittelschicht – Anzeichen einer dauerhaften Polarisierung der verfügbaren Einkommen? In: DIW-Wochenbericht 10: 101-108.

Grieß, Andreas: Deutsche fühlen sich als Mittelschicht (Statista vom 2.3.2016).

Groh-Samberg, Olaf (2009): Armut, soziale Ausgrenzung und Klassenstruktur. Zur Integration multidimensionaler und längsschnittlicher Perspektiven. Wiesbaden.

Grünberg, Emil (1932): Der Mittelstand in der kapitalistischen Gesellschaft. Eine ökonomische und soziologische Untersuchung. Leipzig.

Harper-Scott, Paul (2013): Political problems with the Great British Class Survey. www.jpehs.co.uk/2013/04/04/political-problems-with-the-great-british-class-survey/ [5.7.2016].

Hartmann, Michael (2007): Eliten und Macht in Europa. Ein internationaler Vergleich. Frankfurt/M, New York.

–   (2013): Soziale Ungleichheit – Kein Thema für die Eliten? Frankfurt/M, New York

Haug, Frigga (20011): Geschlechterverhältnisse. In: Haug, Wolfgang Fritz (Hg.): Historisch-kritisches Wörterbuch des Marxismus, Band 5. Hamburg: Sp. 493-531.

Henkel, Heinz-Olaf (2007): Der Kampf um die Mitte: Mein Bekenntnis zum Bürgertum. München.

Herbert-Quandt-Stiftung (Hg.) (2007): Zwischen Erosion und Erneuerung. Die gesellschaftliche Mitte in Deutschland. Ein Lagebericht. Frankfurt/M.

Horkheimer, Max (1945): Soziologische Unterscheidungen. (Gesammelte Schriften, Band 12). Frankfurt/M: 302-303.

Kadritzke, Ulf (1975): Angestellte. Die geduldigen Arbeiter. Zur Soziologie und sozialen Bewegung der Angestellten. Frankfurt/M, Köln.

Kahrs, Horst (2016): Jenseits der Statistiken sozialer Ungleichheit. In: Sozialismus 7-8: 5-10.

Kaube, Jürgen (2010): Die inszenierte Mittelschichtspanik. In: Frankfurter Allgemeine Zeitung vom 17. Juni 2010.

Keun, Irmgard (1924): Das kunstseidene Mädchen. Berlin.

Klinger, Cornelia / Knapp, Gudrun-Axeli / Sauer, Birgit (Hg.) (2007): Achsen der Ungleichheit. Zum Verhältnis von Klasse, Geschlecht und Ethnizität. Frankfurt/M.

Koch, Max (1994): Vom Strukturwandel einer Klassengesellschaft. Theoretische Diskussion und empirische Analyse. Münster.

–   (2011): Klassenstrukturen in Europa: Zwischen Homogenisierung und Vertiefung. In: Thien, Hans-Günter (Hg.): Klassen im Postfordismus. Münster: 311-335.

Kocka, Jürgen (1977): Angestellte zwischen Faschismus und Demokratie. Zur politischen Sozialgeschichte der Angestellten: USA 1890-1940 im internationalen Vergleich. Göttingen.

– (2017): Alte und neue Konfliktlinien im Kapitalismus: Was kann, was soll Sozialwissenschaft leisten? In: WSI-Mitteilungen 2/2017: 149-154.

Koppetsch, Cornelia (2013): Die Wiederkehr der Konformität. Streifzüge durch die gefährdete Mitte. Frankfurt/M.

Kracauer, Siegfried (1929/1990): Ideologie und Utopie (Rezension des Buchs von Karl Mannheim). (Schriften, Band 5.2). Frankfurt/M: 148-151.

– (1930): Die Angestellten. Aus dem neuesten Deutschland. Frankfurt/M.

– (1930/2008): Brief an Adorno vom 25.5.1930. In: Theodor W. Adorno – Siegfried Kracauer. Briefwechsel 1923-1966, hrg. von Wolfgang Schopf (Theodor W. Adorno. Briefe und Briefwechsel, Band 7). Frankfurt/M: 214-217.

– (1930/1990): Blick auf die Nachkriegsgeneration (Schriften, Band 5.2). Frankfurt/M: 248-254.

– (1931): Brief an Bernhard Guttmann vom 16.3.1931, zitiert bei Später, Jörg (2016): Siegfried Kracauer. Eine Biographie. Berlin: 256.

– (1931a/1990): Minimalforderung an die Intellektuellen (Schriften, Band 5.2). Frankfurt/M: 352-356.

– (1931b/1990): Aufruhr der Mittelschichten. Eine Auseinandersetzung mit dem »Tat«-Kreis (Schriften, Band 5.2). Frankfurt/M: 405-424.

– (1933a/1990): Die deutschen Bevölkerungsschichten und der Nationalsozialismus (Schriften, Band 5.3). Frankfurt/M: 223-234.

– (1933b/1990): Über die deutsche Jugend (Schriften, Band 5.3). Frankfurt/M: 243-252.

– (1933/2004): Georg (Schriften, Band 7). Frankfurt/M: 243-490.

- (1947/1979): From Caligari to Hitler. Princeton (deutsch: Von Caligari zu Hitler. Frankfurt/M).
- (1963): Das Ornament der Masse. Essays. Frankfurt/M.

Kreye, Andrian (2017): Atemlos. In: Süddeutsche Zeitung, 21.4.2017.

Kronauer, Martin (2014): Autonomie in der Krise. In: PROKLA 176: 431-443.

Lederer, Emil (1912): Die Angestellten im Wilhelminischen Reich. In: Ders. (1979): Kapitalismus, Klassenstruktur und Probleme der Demokratie in Deutschland 1910-1940 (hrsg. von Jürgen Kocka). Göttingen: 51-82.

- (1928): Die Umschichtung des Proletariats. In: Ders. (1979): Kapitalismus, Klassenstruktur und Probleme der Demokratie in Deutschland 1910-1940. Göttingen: 172-185.
- / Marschak, Jakob (1926): Der neue Mittelstand (Grundriß der Sozialökonomik, 9. Abt., Teil 1). Tübingen: 120-141.

Lengfeld, Holger / Ordemann, Jessica (2016): Die Angst der Mittelschicht vor dem sozialen Abstieg revisited. Eine Längsschnittanalyse 1984-2014 (Arbeitsbericht Nr. 1/2016).

Lessenich, Stephan (2006): Du bist Unterschicht. Zur Remoralisierung sozialer Ungleichheit. In: PROKLA 145: 2-6.

- (2016): Wir sind die Guten (Interview). In: Süddeutsche Zeitung, 17.6.2016.

Lipset, Seymor Martin (1960): Political Man. The Social Bases of Politics. Garden City.

Louis, Edouard (2017): Aufstieg ausgeschlossen. Gespräch. In: Süddeutsche Zeitung, 20.4.2017.

Manotti, Dominique (2006): Das schwarze Korps. Hamburg.

Marg, Stine (2014): Mitte in Deutschland. Zur Vermessung eines politischen Ortes. Bielefeld.

Marx, Karl (1858/1953): Grundrisse der Kritik der politischen Ökonomie. Berlin.

- (1863-1865/1969): Resultate des unmittelbaren Produktionsprozesses (Archiv sozialistischer Literatur 17). Frankfurt/M.

– (1894/1967): Das Kapital. Kritik der politischen Ökonomie. Dritter Band, hg. von Friedrich Engels (MEW 25). Berlin.

– / Engels, Friedrich (1848/1977): Manifest der Kommunistischen Partei (MEW 4). Berlin: 459-493.

Mau, Steffen (2012): Lebenschancen. Wohin driftet die Mittelschicht? Berlin.

– (2016): Partei zwischen allen Stühlen. In: Berliner Republik 3/2016 – Kampf um die Mitte: 36-38.

– / Schöneck, Nadine M. (Hg.) (2015): (Un-)Gerechte (Un-)Gleichheiten. Berlin.

– / – (2015a): Einleitung. In: Dies. (Hg.): (Un-)Gerechte (Un-)Gleichheiten. Berlin: 9-15.

Mauke, Michael (1970): Die Klassentheorie von Marx und Engels. Frankfurt/M.

Milios, Jannis / Economakis, Georg (2014): Mittelklassen, Klassenstellung und politische Klassenpositionen. In: PROKLA 176: 403-423.

Mills, C. Wright (1951): White Collar. New York (deutsch 1955: Menschen im Büro). Köln.

Misik, Robert (2017): Mut zur Verwegenheit. In: Geiselberger, Heinrich (Hg.): Die große Regression. Eine internationale Debatte über die geistige Situation der Zeit. Berlin: 197-213.

Müller, Bernhard (2013): Erosion der gesellschaftlichen Mitte. Hamburg.

Müller-Hilmer, Rita (2006): Gesellschaft im Reformprozess (Friedrich-Ebert-Stiftung), Juli 2006.

Münch, Richard (2015): Mehr Bildung, größere Ungleichheit. Ein Dilemma der Aktivierungspolitik. In: Mau / Schöneck (Hg.): (Un-)Gerechte (Un-)Gleichheiten. Berlin: 65-73.

Münkler, Herfried (2010a): Mitte und Maß. Der Kampf um die richtige Ordnung. Berlin 2010.

– (2010b): Ein Ort mit mehreren Zentren. In: Forschung und Lehre 23 (11): 4-16.

- (2016a): Flüchtlingskrise: Über Humanität, Geopolitik und innenpolitische Folgen der Aufnahmeentscheidung. In: Aus Politik und Zeitgeschichte 66(4): 3-8.
- (2016b): Die Mitte, ein hochgradig gefährdeter Ort. In: Süddeutsche Zeitung, 24.6.2016.

Münkler, Herfried / Münkler, Marina (2016): Die neuen Deutschen. Ein Land vor seiner Zukunft. Berlin.

Musil, Robert (1937/2004): Über die Dummheit (Vortrag auf Einladung des österreichischen Werkbunds, Wien am 11.3.1937). Stuttgart.

Nachtwey, Oliver (2016): Die Abstiegsgesellschaft. Über das Aufbegehren in der regressiven Moderne. Berlin.

Neckel, Sighard (2015): Die Ungleichheit der Märkte. In: Mau, Steffen / Schöneck, Nadine M. (Hg.): (Un-)Gerechte (Un-)Gleichheiten. Berlin: 93-102.

Newman, Katherine / Tan Shen, Victor (2007): The Missing Class: Portraits of the New Poor in America. Boston.

Nolte, Paul (2000): Die Ordnung der deutschen Gesellschaft. Selbstentwurf und Selbstbeschreibung im 20. Jahrhundert. München.

- (2015): Demokratie und Gleichheit: Verbündete, Feinde, endlose Spannungen. In: Mau / Schöneck (Hg.): (Un-)Gerechte (Un-)Gleichheiten. Berlin: 195-205.

Poulantzas, Nicos (1975): Klassen im Kapitalismus – heute. Berlin.

PROKLA 175 (2014): Themenheft »Klassentheorien«.

Ptak, Ralf (2004): Vom Ordoliberalismus zur Sozialen Marktwirtschaft. Stationen des Neoliberalismus in Deutschland. Opladen.

Ritsert, Jürgen (1998): Soziale Klassen. Münster.

Schelsky, Helmut (1953): Wandlungen der deutschen Familie in der Gegenwart. Stuttgart.

Schmidt, Dorothea (2014): Mythen und Erfahrungen: die Einheit der deutschen Arbeiterklasse um 1900. In: PROKLA 175: 191-208.

Schmidt, Rudi (2016): Zur Geschichte der Angestellten und der Angestelltensoziologie. In: Haipeter, Thomas (Hg.): Angestellte Revisited. Arbeit, Interessen und Herausforderungen für Interessenvertretungen. Wiesbaden: 35-65.

Schmidt-Leonhardt, Hans (1920): Das zweite Proletariat. Leipzig-Berlin.

Schuberth, Richard (2014): Das neue Wörterbuch des Teufels. Wien.

Seeßlen, Georg (2017): Heimat, Volk und Elite. In: taz, 11.4.2017.

Sklair, Leslie (2001): The Transnational Capitalist Class. Oxford.

Solga, Heike (2009): Vorwort. In: Solga, Heike / Powell, Justin / Berger, Peter A. (Hg.): Soziale Ungleichheit. Klassische Texte zur Sozialstrukturanalyse. Frankfurt/M: 11-46.

Später, Jörg (2016): Siegfried Kracauer. Eine Biographie. Berlin.

Speier, Hans (1977): Die Angestellten vor dem Nationalsozialismus. Ein Beitrag zum Verständnis der deutschen Sozialstruktur 1918-1933. Göttingen.

Statistisches Bundesamt (Hg.) (2006): Datenreport 2006 (mit WZB und ZUMA). Bonn.

Stern, Carola (2005): Auf den Wassern des Lebens. Gustaf Gründgens und Marianne Hoppe. Köln.

Streeck, Wolfgang (2013): Gekaufte Zeit. Die vertagte Krise des demokratischen Kapitalismus. Berlin.

Süssengut, Otto (1927): Die Angestellten als Stand und Klasse. Ein Beitrag zur Soziologie des Kampfes in Deutschland. Halle-Wittenberg.

Thien, Hans-Günter (Hg.) (2011): Klassen im Postfordismus. Münster.

– (2014): Klassentheorien – die letzten 50 Jahre. In: PROKLA 175: 163-190.

Verhandlungen des 8. Evangelisch-sozialen Kongresses (1897), abgehalten zu Leipzig am 10. und 11. Juni 1897. Göttingen.

Vester, Michael (2017a): Klasse, Schicht, Milieu. In: Otto, Hans-Uwe u.a. (Hg.): Handbuch Soziale Arbeit. München-Basel (i.E.).

Vester, Michael (2017b): Der Kampf um soziale Gerechtigkeit in der BRD: Der Rechtspopulismus und die Potentiale politischer Mobilisierung. http://www.fnpa.de/content/Rechtspopulismus/Michael_Vester%20Rechtspopulismus_soziale_%20Gerechtigkeit%2011Mrz2017.pdf

Vogel, Berthold (2009): Wohlstandskonflikte. Soziale Fragen, die aus der Mitte kommen. Hamburg.

Voß, Gerd-Günter / Pongratz, Hans J. (1998): Der Arbeitskraftunternehmer. Eine neue Grundform der Ware Arbeitskraft. In: Kölner Zeitschrift für Soziologie und Sozialpsychologie 50: 131-158.

Wagner, Gert. G. (2012): Die Inflation der Mittelschicht-Begriffe führt in die Irre. In: DIW-Wochenbericht 51: 20.

Weber, Max (1918/1964): Der Sozialismus. In: Baumgarten, Eduard (Hg.): Max Weber, Werk und Person, Dokumente. Tübingen: 243-270.

– (1922/1972): Wirtschaft und Gesellschaft. Grundriss der verstehenden Soziologie. Tübingen.

Wehler, Hans-Ulrich (2013): Die neue Umverteilung. Soziale Ungleichheit in Deutschland. München.

Wernicke, Johannes (1922): Kapitalismus und Mittelstandspolitik. 2. Aufl. Jena.

Wienold, Hanns (2011): Die Gegenwart der Bourgeoisie. Umrisse einer Klasse. In: Thien, Hans-Günter (Hg.): Klassen im Postfordismus. Münster: 235-283.

Wright, Erik Olin (1985): Classes. London.

– (1985a): Wo liegt die Mitte der Mittelklasse? In: PROKLA 58: 35-62.